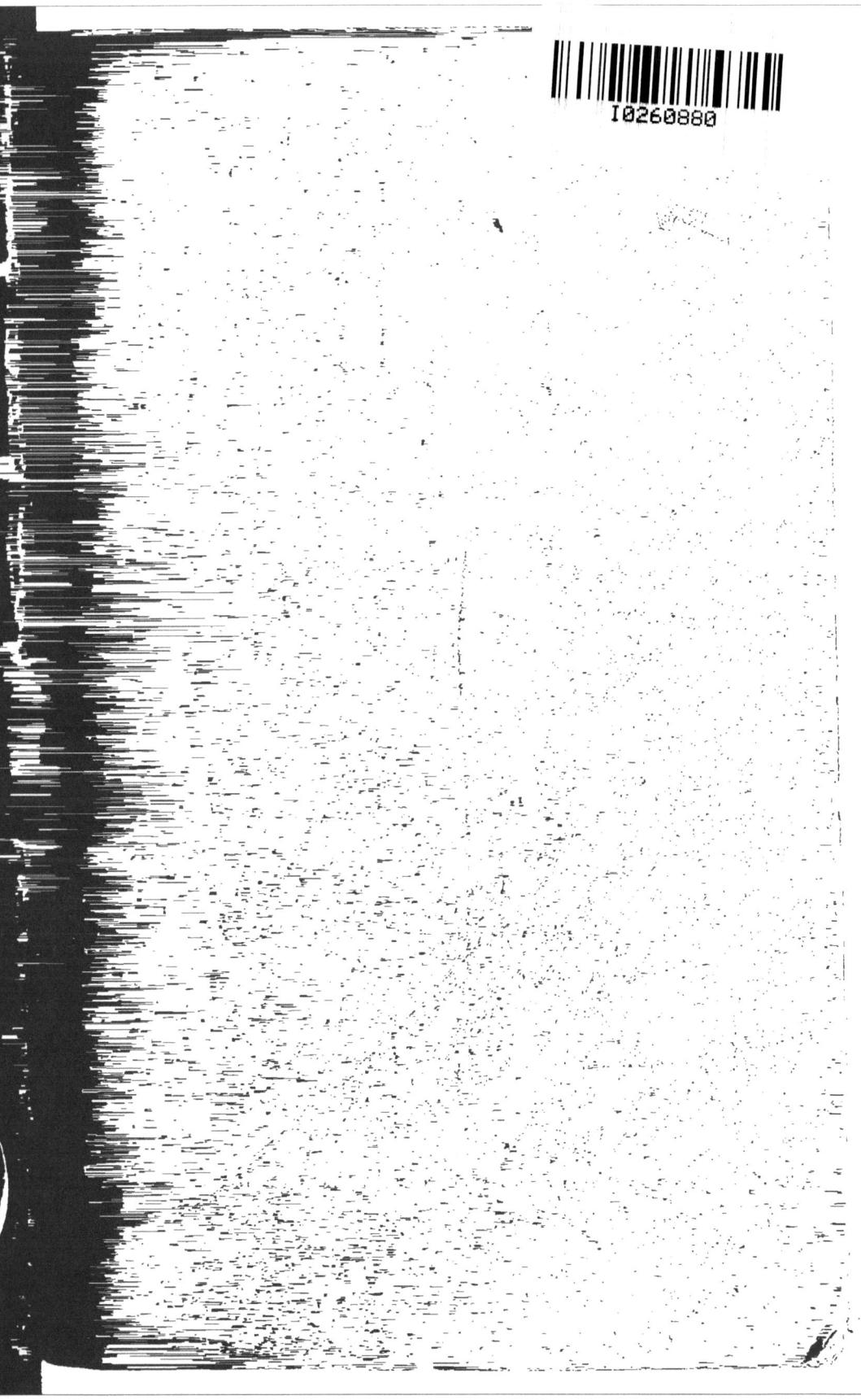

*Agite dies lætitiæ et confitemini Domino.*
*Juvenes, et Virgines: Senes, cum Junioribus laudent nomen Domini.*

# OPUSCULES,
## SACRÉS ET LYRIQUES
### OU
# CANTIQUES
*SUR DIFFÉRENS SUJETS DE PIÉTÉ.*

Avec les Airs notés.

A l'usage de la jeunesse,
de la Paroisse de S. Sulpice.

**SECONDE PARTIE.**

Le Prix est 3. liv. Broché.

## A PARIS
*Chez* NICOLAS CRAPART, *Libraire,*
rue de Vaugirard, près la Place S. Michel.

M. DCC. LXXII.

*Avec Approbation et Privilege du Roi. I. part (bis)*

# CANTIQUE I.

*Toutes les Créatures invitées à bénir le Seigneur.*

A l'imitation du Cantique des trois Enfants dans la Fournaise.

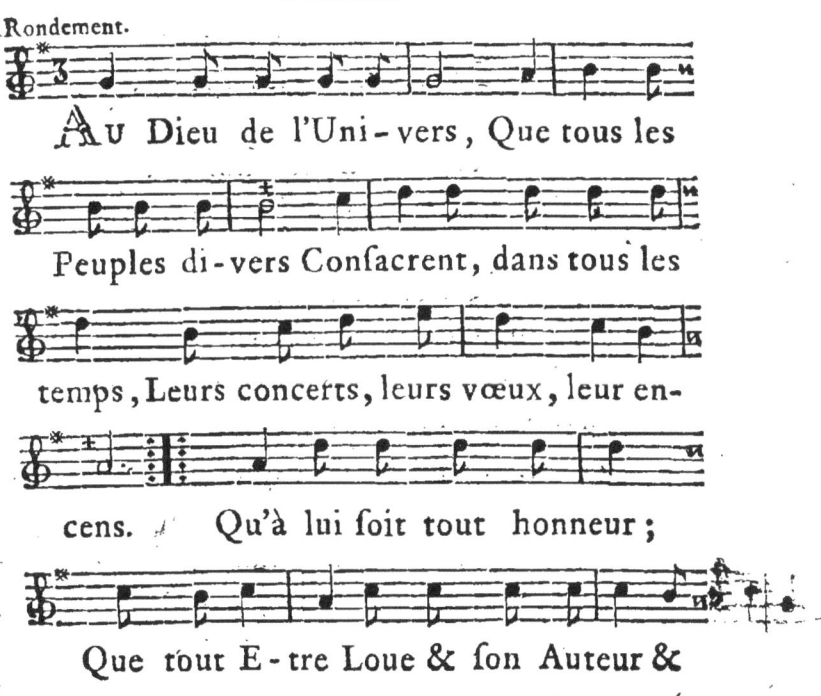

Rondement.

Au Dieu de l'Uni-vers, Que tous les

Peuples di-vers Confacrent, dans tous les

temps, Leurs concerts, leurs vœux, leur en-

cens. Qu'à lui foit tout honneur;

Que tout E-tre Loue & fon Auteur &

I. *Partie.* (bis)    A

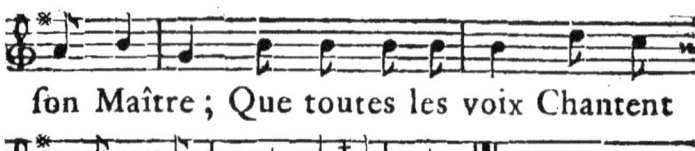

son Maître; Que toutes les voix Chantent

son Saint Nom à la fois.

❀

Seul, il avoit été
Régnant sur l'éternité;
Et tout, à lui seul préſent,
Etoit dans l'oubli du néant.
Il dit, & ſous ſes yeux
Naît le Monde;
La Terre & les Cieux,
L'Air & l'Onde,
Tout le Genre-humain
Ne fut qu'un eſſai de ſa main.

❀

Anges & Séraphins,
Puiſſances & Chérubins!
Vous tous, que ſes ſaints attraits
Raviront d'amour à jamais!
Des céleſtes ardeurs
De vos flammes
Brûlez & les cœurs,
Et les ames;
Dans tous les Mortels,
Rendez vos tranſports éternels.

O Cieux ! produisez-vous ;
Brillez, développez-nous
Ces traits de gloire entassés,
Que ses doigts divins ont placés.

 Quel azur lumineux
  Vous colore !
 Quel essaim de feux
  Vous décore !
 Que de fortes voix
Prêchent sa puissance à la fois !

O jour ! que ta clarté,
Ta douce sérénité,
L'ensemble de tes bienfaits,
Nous font bien sentir ses attraits !

 Malgré tous tes appas,
  Ta parure,
 Tu n'es même pas
  La figure
 Du jour immortel
Qui luit sur son Trône éternel.

O Nuit ! de ton Auteur
Révele la profondeur :
Sa gloire & sa majesté
Sont empreintes dans ta beauté.

Tes doux flambeaux ; la paix
De tes ombres,
Tes voiles épais,
Tes traits sombres,
Le font, à leur tour,
Aussi grand que le plus beau jour.

❀

Astre brillant des jours !
Poursuis ton rapide cours ;
Fais voir l'éclat de tes feux
Aux climats les plus ténébreux.
Etale sa splendeur
Sur les ondes ;
Montre sa grandeur
Aux deux Mondes ;
Annonce, en tout lieu,
Que ton Créateur est seul Dieu.

❀

Vous, Astres de la nuit,
Par qui son ombre nous luit !
De quels amas de clartés
Frappez-vous nos yeux enchantés ?
Vos courses, vos retours,
Vos absences,
Vos vastes contours,
Vos distances
Diront, à jamais,
Que le bras d'un Dieu vous a faits.

Terre ! c'est le Seigneur,
Qui fut le seul Créateur
Des germes de ces Tréfors,
Dont il enrichit tes dehors.

Qu'en voyant tes beautés,
Tes spectacles,
Ses dons, ses bontés,
Ses miracles,
Pour bénir sa main,
Ta voix s'ouvre autant que ton sein.

Plaines, Déserts, Vallons,
Collines, Rochers & Monts !
Ruisseaux, Fleuves & Forêts !
Célébrez sa gloire, à jamais.

Que vos divers accents
Se confondent ;
Que les Elements
Vous secondent ;
Que tous les Vivants
Soient autant d'échos de vos chants.

Du bruit de sa grandeur
Portez au loin la terreur,
Nuages, qu'un Dieu vengeur
Charge de sa juste fureur !

Que vos éclairs perçants,
Vos ténébres,
Vos éclats bruyants
Et funébres,
Difent aux humains,
Que la foudre n'eft qu'en fes mains.

❀

Rends fon nom glorieux,
O Mer ! étale à nos yeux
Ton calme brillant & doux,
Les horreurs de ton fier courroux,
Tes Monftres, tes Tyrans,
Tes Victimes,
Tes Flots, tes torrents,
Tes abîmes,
Tes bords, où fon bras
Mit un frein à tes attentats.

❀

Vous, Animaux divers,
Dont l'Air, la Terre & les Mers
Nous montrent l'agilité,
Les effaims, l'inftinct, la beauté !
Réuniffez, vous tous,
Votre hommage ;
Que tout foit, en vous,
Un langage,
Qui rende au Seigneur
Son tribut d'amour & d'honneur.

Déployez, ô Saisons !
Vos eaux, vos feux, vos glaçons,
Vos neiges, vos aquilons,
Vos zéphirs, vos charmes, vos dons.

Venez, de jour en jour,
Nous instruire ;
Venez, tour-à-tour,
Nous redire,
Qu'un Dieu tout-puissant
Regle votre cours renaissant.

Chef-d'œuvre de ses mains !
Portrait de ses traits divins,
O toi, pour qui sont éclos,
Homme, tant d'ouvrages si beaux !

Admire la splendeur
De ton être,
Mais rends-en l'honneur
A ton Maître :
Poussiere & néant,
Reconnois que seul il est grand.

Prêtres de l'Éternel,
Ministres de son Autel,
Échos de ses saintes Loix !
Élevez pour lui votre voix.

Vivez purs, à ſes yeux,
De tout crime :
Offrez, en tous lieux,
La Victime,
Qui, par ſa valeur,
Peut ſeule égaler ſa grandeur.

❀

Vous, Juſtes ! dont le cœur
Pour lui brûle de ferveur,
Sans ceſſe, de vos tranſports,
Redoublez l'ardeur, les efforts :
La pure activité
De vos flammes,
La ſincérité
De vos ames,
Vos vœux innocents
Sont, pour lui, le plus doux encens.

❀

De l'Aurore au Couchant,
Du Nord au Climat brûlant,
Que tout ce qui voit le jour,
Soit rempli de ſon ſaint amour.

Au ſeul Nom du Seigneur
Que tout plie ;
Que toute hauteur
S'humilie ;
Que tous les Mortels
Ceignent, à jamais, ſes Autels.

Auguſte

Auguste Trinité !
O seul Dieu de majesté !
Que toute l'éternité
Loue, adore ta sainteté ;

Tes loix, ton équité,
Ta puissance,
Ton Nom, ta bonté,
Ta clémence,
Ton infinité,
Ta grandeur, ton immensité.

# CANTIQUE II.

*Le bonheur d'une sainte enfance.*

**Gracieux & louré.**

Heureuse l'En-fance, Dont les ten-dres ans, Dans leur in-nocence, Vont tou-jours croiſ-ſants! Heu-reuſe l'En-fance, Dont les ten-dres ans, Dans leur in-no-cence, Vont tou-jours croiſſants. *Fin.* Les jours de cet â-ge, Don-nés au Sei-gneur, Sont un

sûr pré-sa-ge Du plus doux bonheur.

Heu-reuse, &c. La vertu naif-

sante Devient, à jamais, La sour-

ce a-bon-dante D'u-ne sainte paix.

Son em-pire Seul at-tire Tous les

biens par-faits. Heu-reuse, &c.

Dieu fixe sur elle
Son puissant secours;
L'ombre de son aîle
Couvre tous ses jours.
Heureuse, &c.

De son innocence
L'éclat renaissant,
A l'Adolescence
Passe florissant ;
Et décore
Plus encore
L'âge vieillissant.
Heureuse, &c.

[13]

# CANTIQUE III.

*Les douceurs du Joug du Seigneur.*

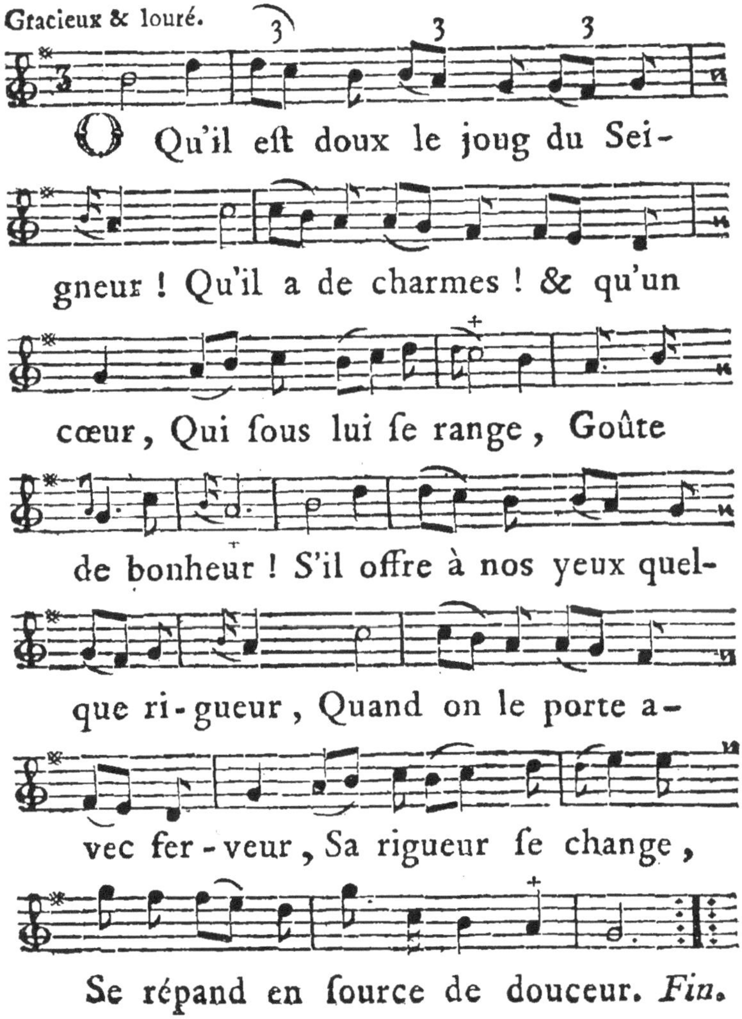

Gracieux & louré.

O Qu'il est doux le joug du Seigneur ! Qu'il a de charmes ! & qu'un cœur, Qui sous lui se range, Goûte de bonheur ! S'il offre à nos yeux quelque ri-gueur, Quand on le porte a-vec fer-veur, Sa rigueur se change, Se répand en source de douceur. *Fin.*

[14]

La tranquille inno-cen-ce, La vive con-fi-an-ce, Le calme de la paix, Sont de ses bienfaits Le céleste ga-ge. Loin de lui les pleurs, Les sombres frayeurs, Les maux des Pé-cheurs: Sous lui de nos croix Dis-pa-roît le poids: Heureux qui l'a pour par-ta-ge. O Qu'il, &c.

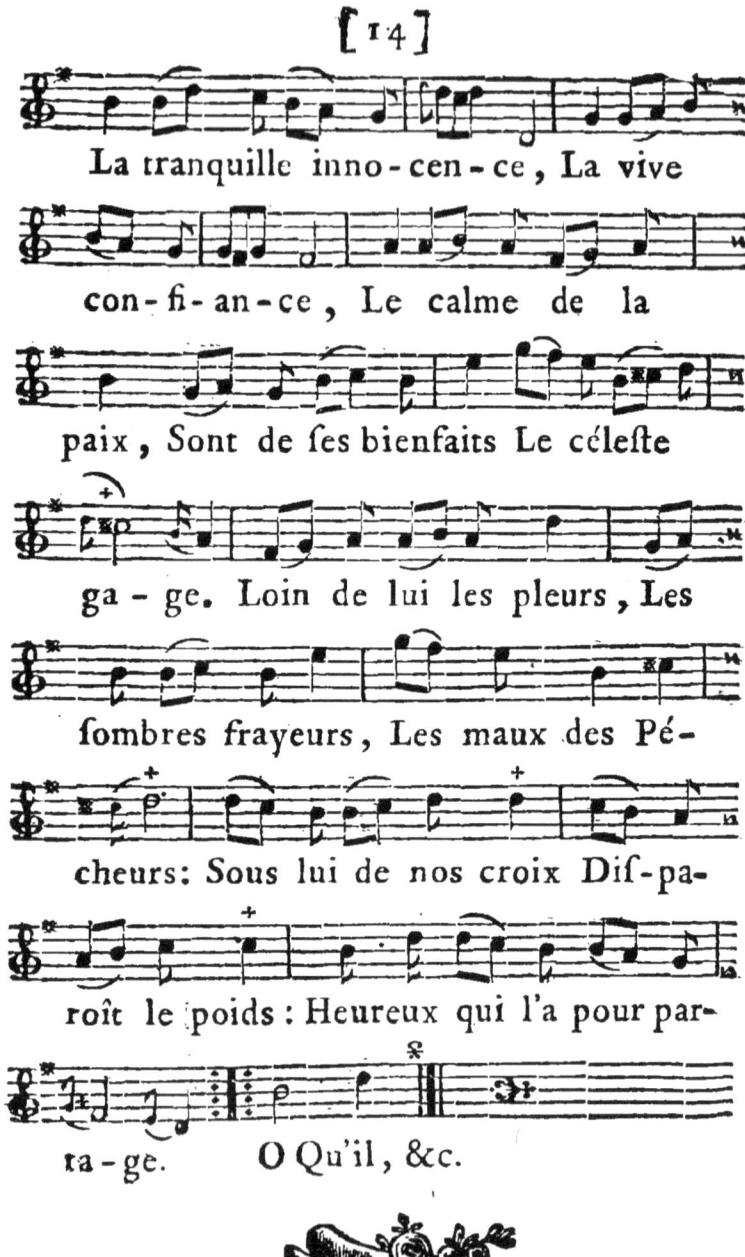

# CANTIQUE IV.

*La vanité des choses mondaines.*

AIR noté ci-dessus, page premiere.

Tout n'est que vanité,
Mensonge, fragilité,
Dans tous ces objets divers,
Qu'offre à nos regards l'Univers.

Tous ces brillants dehors,
Cette pompe,
Ces biens, ces trésors,
Tout nous trompe;
Tout nous éblouit;
Mais tout nous échappe, & tout fuit.

❀

Telles qu'on voit les fleurs,
Avec leurs vives couleurs,
Eclorre, s'épanouir,
Se faner, tomber & périr,

Tel est des vains attraits
Le partage;
Tel l'éclat, les traits
Du bel âge,
Après quelques jours,
Perdent leur beauté, pour toujours.

En vain, pour être heureux,
Le jeune voluptueux
Se plonge dans les douceurs
Qu'offrent les mondains séducteurs.

Plus il fuit les plaisirs
Qui l'enchantent,
Et moins ses desirs
Se contentent :
Le bonheur le fuit,
A mesure qu'il le poursuit.

❋

Que doivent devenir,
Pour l'homme qui doit mourir,
Ces biens, long-temps ramassés,
Cet argent, cet or, entassés ?

Fût-il, du genre humain
Seul le maître,
Pour lui tout, enfin,
Cesse d'être :
Au jour de son deuil,
Il n'a plus à lui qu'un cercueil.

❋

Que sont tous ces honneurs,
Ces titres, ces noms flatteurs ?
Où vont de l'Ambitieux
Les projets, les soins & les vœux ?

Vaine

Vaine ombre, pur néant,
Vil atome,
Menſonge amuſant,
Vrai phantôme,
Qui s'évanouit,
Après qu'il l'a toujours ſéduit.

Tel qui voit aujourd'hui
Ramper au-deſſous de lui
Un peuple d'adorateurs,
Qui brigue, à l'envi ſes faveurs :
Tel devenu, demain,
La Victime
D'un revers ſoudain
Qui l'opprime;
Nouveau malheureux,
Eſt eſclave, & rampe comme eux.

J'ai vu l'impie heureux,
Porter ſon air faſtueux,
Et ſon front audacieux
Au-deſſus du cédre orgueilleux :
Au loin tout révéroit
Sa puiſſance,
Et tout adoroit
Sa préſence;
Je paſſe, & ſoudain
Il n'eſt plus; je le cherche en vain.
*I. Partie.* ( *bis.* )

Que sont donc devenus
Ces Grands, ces Guerriers connus;
Ces hommes, dont les exploits
Ont soumis la terre à leurs loix ?

Les traits éblouissants
De leur gloire,
Leurs noms florissants,
Leur mémoire,
Avec les Héros,
Sont entrés au sein des tombeaux.

Au Sçavant orgueilleux
Que sert un génie heureux,
Un nom devenu fameux
Par mille travaux glorieux ?

Non, les plus beaux talents,
L'éloquence,
Les succès brillants,
La science
Ne servent de rien
A qui ne sçait vivre en Chrétien.

Arbitre des humains,
Dieu seul tient entre ses mains
Les événements divers,
Et le sort de tout l'univers ;

Seul, il n'a qu'à parler,
Et la foudre
Va frapper, brûler,
Mettre en poudre
Les plus grands Héros,
Comme les plus vils vermisseaux.

❊

La mort, dans son courroux,
Disperse à son gré ses coups,
N'épargne, ni le haut rang,
Ni l'éclat auguste du sang.

Tout doit, un jour, mourir,
Tout succombe ;
Tout doit s'engloutir
Dans la tombe ;
Les Sujets, les Rois
Iront s'y confondre à la fois.

❊

Oui, la mort, à son choix,
Soumet tout âge à ses loix ;
Et l'homme ne fût jamais
A l'abri d'un seul de ses traits :
Comme, sur son retour,
La vieillesse,
Dans son plus beau jour,
La jeunesse,
L'enfance, au berceau,
Trouvent, tour-à-tour, leur tombeau.

O combien malheureux
Est l'homme présomptueux,
Qui, dans ce monde trompeur,
Croit pouvoir trouver son bonheur !

Dieu seul est immortel,
Immuable,
Seul grand, éternel,
Seul aimable ;
Avec son secours,
Soyons à lui seul, pour toujours.

# CANTIQUE V.

*Le faux bonheur du Monde.*

**Léger, mais affectueux.**

Est-il de bon-heur Pour qui s'at-tache au Mon-de ? Non, non : Qui l'aime, est dans l'erreur : Et que gagne un cœur, Qui sur ses biens se fonde ? Rien, rien. Le Monde est un trompeur. *Fin.*

Ses plai-sirs, Dont les attraits nous frappent, Malgré nous s'échappent Loin

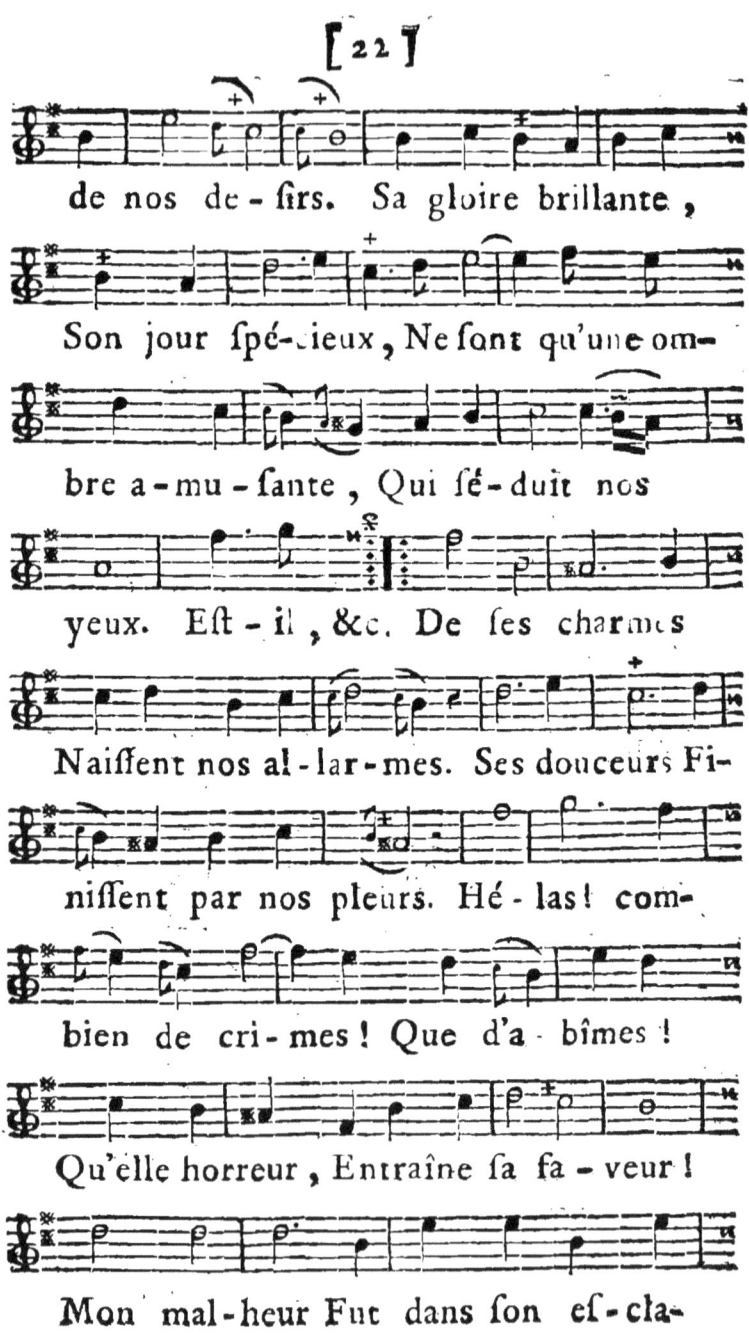

va - ge ; Mais je m'en dé - gage,

Pour ê - tre au Seig - neur.

Eſt - il de bonheur, &c.

# CANTIQUE VI.

### Le Mépris du Monde.

Je te connois, Monde flateur : Tu n'as rien, qui ne soit fri-vo-le : Tu n'as rien qui ne soit frivo - - - le. *Fin.* Toute ta gloire & ta grandeur, Passe comme un songe, & s'en-vole, Passe comme un songe, & s'en-vo-le. Je te, &c.

CANTIQUE

[25]

# CANTIQUE VII.
*Adieu aux fausses joies du monde.*

Modérément.

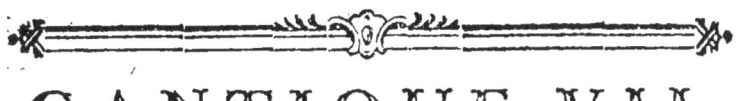

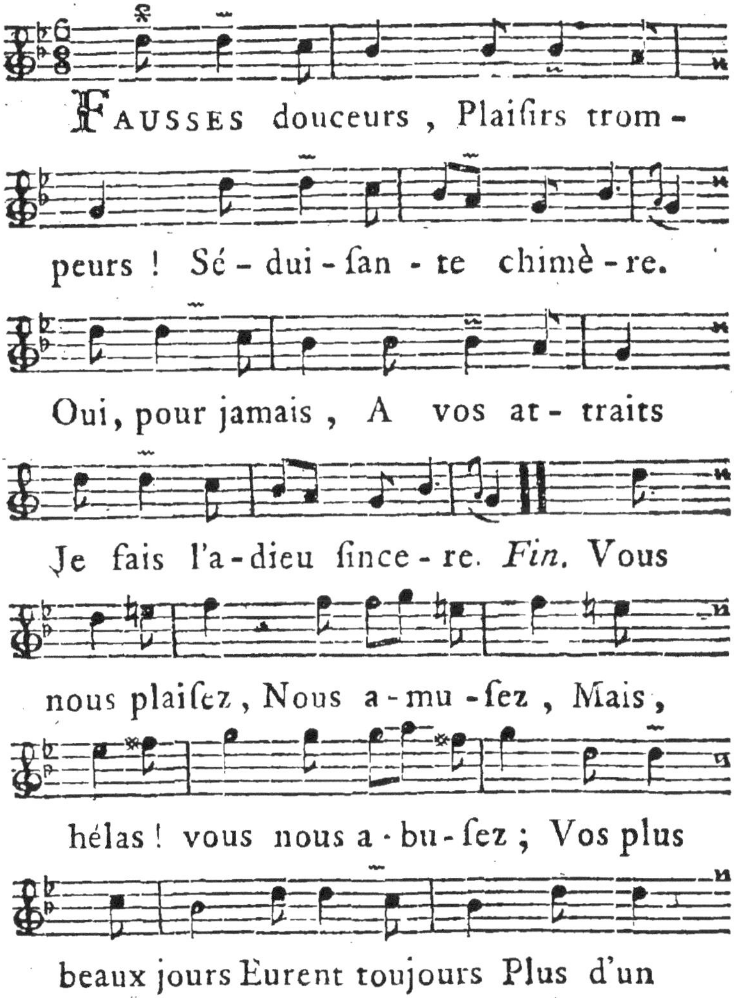

Fausses douceurs, Plaisirs trom-

peurs ! Sé-dui-san-te chimè-re.

Oui, pour jamais, A vos at-traits

Je fais l'a-dieu since-re. *Fin.* Vous

nous plaisez, Nous a-mu-sez, Mais,

hélas ! vous nous a-bu-sez ; Vos plus

beaux jours Eurent toujours Plus d'un

I. Partie. (bis.)          D

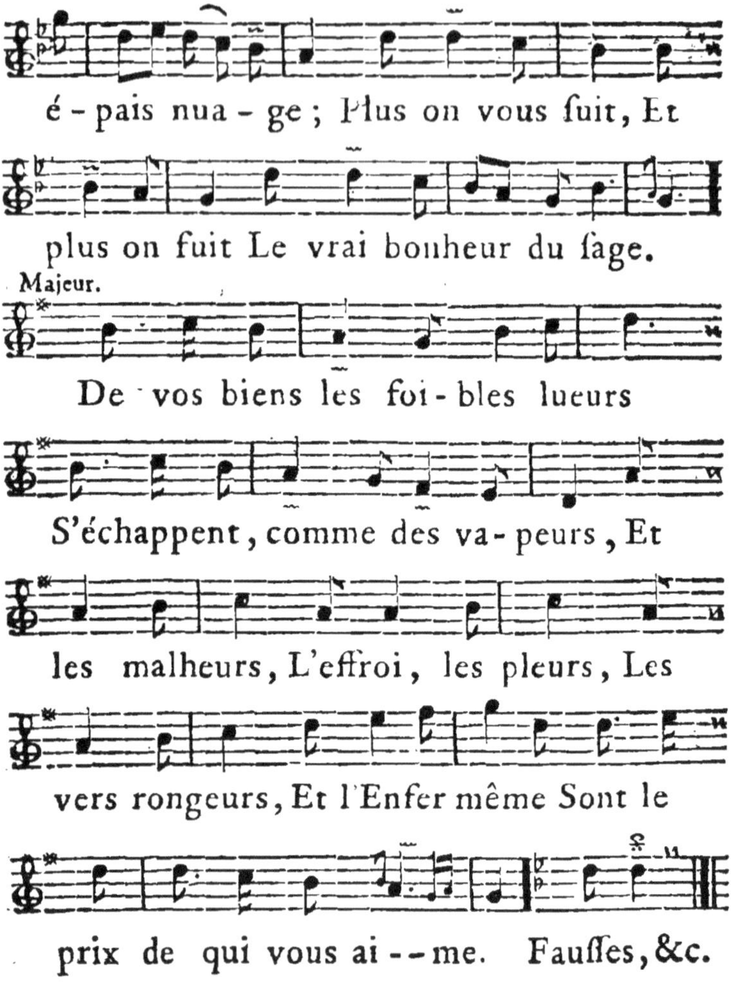

é - pais nua - ge ; Plus on vous fuit, Et plus on fuit Le vrai bonheur du fage.

**Majeur.**

De vos biens les foi - bles lueurs

S'échappent, comme des va - peurs, Et

les malheurs, L'effroi, les pleurs, Les

vers rongeurs, Et l'Enfer même Sont le

prix de qui vous ai - - me. Fauſſes, &c.

[27]

# CANTIQUE VIII.

*L'Ame autrefois esclave de la Volupté, qui soupire après la Vertu.*

Léger.

VOLUPTÉ per-fi-de ! Poison, amorce homi-ci-de ! Je ne fus que trop a-vi-de De tes frivoles douceurs. Tes funestes charmes Ont ouvert mes larmes ; Et c'est à toi que je dois mes malheurs. Fuis, fuis. La lumie-re salutaire, Qui m'éclaire, Me décou-

D ij

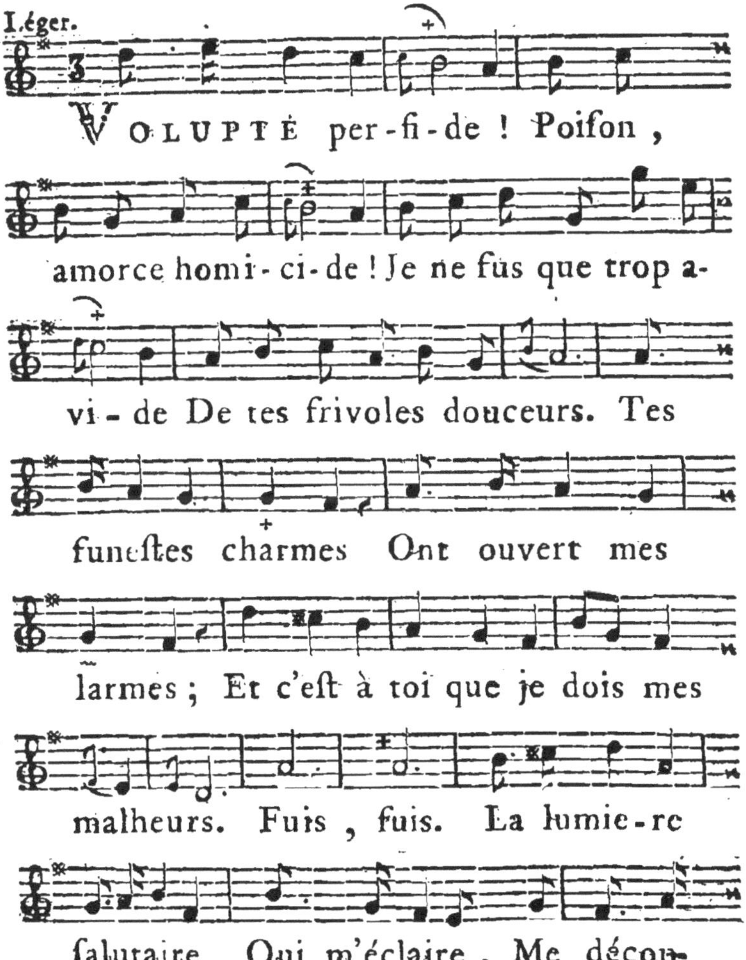

[29]

Viens, viens, Ton empire Seul m'attire; Je n'af-pi-re Qu'à revoir toujours, dans moi, Regner ta Loi.

# CANTIQUE IX.

*La paix du cœur.*

Sentimenté.

Ô Saint repos! ô calme plein d'attraits! Digne objet de nos vœux, paix à jamais aimable! Une ame infidelle & coupable, Ne goûte point le fruit de tes divins bienfaits. *Fin*. Mais lorsque dans un cœur tu peux voir l'innocence, Tu

viens pour y fi-xer ton regne & tes fa-veurs. Tu le ra-vis par ta pré-fence Et rien n'é-ga-le les dou-ceurs Qu'il trouve dans ta jou-if-fan-ce.

O Saint repos, &c.

# CANTIQUE X.

*Les délices du Paradis.*

**Air tendre.**

Ô Ci-té du Seigneur, Sion, que tu me plais! Heureux, qui dans ton sein sçut méri-ter un Trô-ne! Heu-reux, qui dans ton sein sçut méri-ter un Trô-ne! *Fin.* L'é-clat des plus riants Pa-lais, Ne vaut point la clar-té du jour qui l'envi-ronne:

Dans

[33]

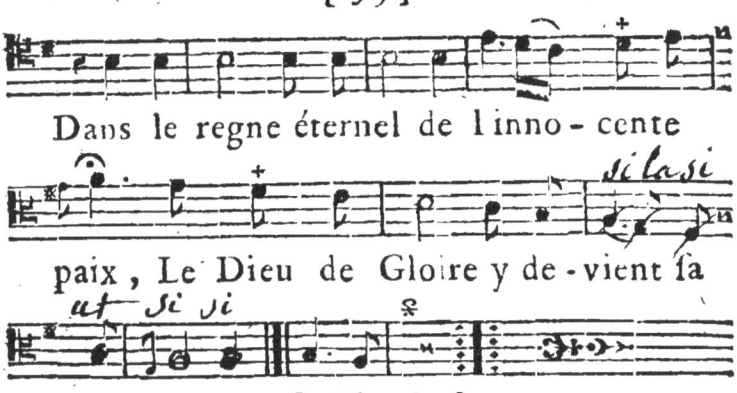

Dans le regne éternel de l'inno-cente paix, Le Dieu de Gloire y devient sa cou-ronne. O Ci-té, &c.

O Patrie ! ô séjour de l'immortel bonheur !
O quand, dans mon exil, essuiras-tu les larmes !
*Fin.*

Ici, tout est plein de douleur,
De travaux, de dangers, de craintes & d'allar-
mes :
Le plus doux des transports s'empare de mon
cœur,
Sainte Sion ! quand je pense à tes charmes.
O Patrie ! &c.

I. *Partie.* (*bis*)      E

# CANTIQUE XI.
### La Gloire du Ciel.

**Lentement.**

AH! que ton sé-jour est char-

mant! O Si-on, O Si-on, que ta splen-

deur est belle! Ta clar-té me rem-

plit d'un saint ra-vis-se-ment.

Toujours ton regne est flo-ris-sant:

Ta beauté tou-jours est nou-vel-le.

Quand viendra pour moi le mo-

[ 35 ]

ment, Où j'entre-rai dans ta gloi- - - re é-ter-nel-le ?

E ij

[36]

# CANTIQUE XII.

*Le Pécheur exhorté à revenir à Dieu.*

**Un peu léger.**

Hélas ! Pé-cheur, quel est ton fort ? Si sans dé-lai sur-vient la Mort. Hé-las ! Pé-cheur, Pé-cheur, Hé-las ! Hé-las ! Pé-cheur, quel est ton fort ? quel est ton fort ? Si sans dé-lai sur-vient la Mort : Si sans dé-lai sur-vient la Mort. *Fin.* Par ta cons-

tance dans le crime, Tu ne fais, aux

yeux du Seigneur, Qu'enflammer, Qu'en-

flammer, Qu'enflammer son courroux vengeur.

Tremble, Tremble, Tremble, de voir t'ou-

vrir l'a-bî--me.    Hé-las ! &c.

Gémis, frémis sur ton malheur ;
Appaise Dieu par ta douleur.  *Fin.*
Gémis, &c.
Ranime en lui ta confiance,
Il te cherche encore aujourd'hui :
Hâte-toi de venir à lui ;
Cede à la voix de sa clémence.
Gémis, &c.

# CANTIQUE XIII.

*Priere d'un Pécheur, pénétré du regret de ses Crimes.*

**Lent.**

Daignez, Dieu de bonté dissi-

per les al-larmes, Où de mille for-

faits m'a plon-gé la noirceur. Soyez,

hé- -las! tou-ché de ce tor-rent

de lar- -mes, Qu'ar-rache à mes

yeux la dou-leur: Soyez, hé- - -las!

regret, d'a-mour que ne puis-je mourir! Daignez, Daignez, &c.

CANTIQUE

[41]

# CANTIQUE XIV.

*Les regrets du jeune Pécheur.*

Récitatif mésuré.

QUEL fus-je! quel je suis, & quel

eft mon mal-heur! J'ai per-du l'ai-

ma-ble in-no-cence; Et dé-ja mille

fois outra-gé le Sei-gneur. O fa-

tal souve-nir! ô crimi-nelle en-fan-

Lentement.

ce! Dans mon Dieu tant d'a-mour:

dans moi tant d'in-conf-tance! Cou-

I. Partie. (*bis.*)        F

lez — — — — ez mes pleurs, coulez, noyez dans vos tor-rents La
honte de mes jours naissants. Coulez — — — — ez mes pleurs, coulez, noyez dans vos torrents La
honte de mes jours naissants. Vous seuls
aurez pour moi des douceurs & des charmes. Regrets, sanglots, sou-pirs, sou-
pirs, sou-pirs & lar-mes, Regrets, san-

glots, sou-pirs, sou-pirs, soupirs & lar-mes ! Dieu Sauveur ! Dieu d'amour! Daigne écou-ter mon cœur ; Il est droit & sin-cere. Sois pour moi, fois en-core un Pe-re ; Tu n'auras plus un Fils pé-cheur. Sois pour moi, fois en-core un Pe-re ; Tu n'auras plus un Fils pé-cheur.

F ij

# CANTIQUE XV.

*Renoncement aux plaisirs & à la gloire du monde.*

Duo. Modérément.
& sans lenteur.

PLAISIRS en-chanteurs! Sédui-

PLAISIRS

sants honneurs!

enchanteurs! Séduisants honneurs!

En vous tout est vuide, Tout est faux per-

En vous tout est vuide, Tout est faux per-

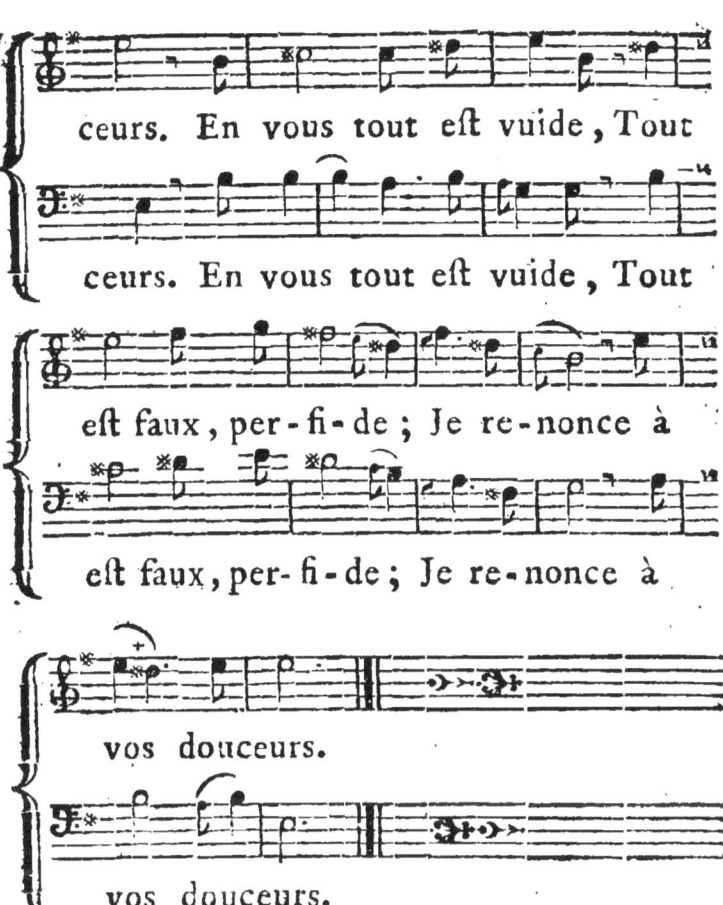

ceurs. En vous tout est vuide, Tout

ceurs. En vous tout est vuide, Tout

est faux, per-fi-de ; Je re-nonce à

est faux, per-fi-de ; Je re-nonce à

vos douceurs.

vos douceurs.

[48]

# CANTIQUE XVI.

*Acte d'Espérance, après le péché.*

Louré.

L'ESPOIR le plus doux me conduit

vers vous, O Dieu de clémence ! Votre

ven - geance Cherche à se calmer. La

confi - an - ce, L'humble péni - tence,

Sçait la dé - sar - mer. Le plus grand Pé-

cheur Trouve son a - sy - le Dans

l'accès fa - ci - le Qu'ouvre votre cœur. Votre

[49]

-tre bonté, De l'iniqui-té, Ef-face l'in-ju-re ; El-le me raf-fure, Elle eft mon recours ; J'y viens, j'y cours ; El-le eft fans me-fu-re ; J'ef-pe-re tou-jours.

*I. Partie. (bis.)*  G

# CANTIQUE XVII.

*Acte de Contrition.*

Même air que le précédent.

O Dieu de bonté !
Dieu de majesté !
Soyez favorable
  A ce coupable,
Digne de vos coups,
  Que l'espérance
En votre clémence
Ramene vers vous.

Mille & mille fois,
Mon ame infidelle
Fut, hélas ! rebelle
A vos saintes Loix.
  J'en suis confus,
  O divin Jesus !
Le regret sincere,
La douleur amere
Pénétrent mon cœur.
  De ce Pécheur,
O mon tendre Pere !
Soyez le Sauveur.

## CANTIQUE XVIII.

*Acte d'Amour.*

Même air que le précédent.

O DIEU de mon cœur !
O mon doux Sauveur !
Jesus, seul aimable,
  Seul adorable,
Jesus plein d'appas !
  O divin Maître !
Peut-on vous connoître,
Et ne vous aimer pas ?

Malheur, à jamais,
Au cœur inflexible,
Qui n'est point sensible
A vos saints attraits !
  Seul est heureux
  Qui ressent vos feux.
O beauté suprême !
O la bonté même !
O Dieu de grandeur !
  Dieu de douceur !
Vous seul je vous aime
Du fond de mon cœur.

# CANTIQUE XIX.

Que Dieu seul est aimable, & qu'on ne trouve l'adouciſſement de ſes peines que dans ſon Amour.

Dieu ſeul, ſeul auteur Des beautés de tout être, Peut charmer — — — — — — — un cœur. Dieu ſeul, mon Auteur, Mon Sauveur & mon Maître, Doit régner — — — — — — — — dans mon cœur. *Fin.*

[53]

Rappellons ses bienfaits. Aimons-le, à ses at-traits Rendons gloi- - - - - - - - - re à jamais. Dieu, &c.

Dans ce triste sé-jour, Plein de maux & d'al-lar-mes, On ne seche ses lar-mes Que dans son amour.

Dieu seul, &c.

[54]

# CANTIQUE XX.

*Les avantages de l'Amour Divin.*

Léger.

NON, non, non, non, non, rien

n'est com-pa-ra-ble A l'amour du

Seigneur. Non, non, non, non, non,

rien n'est compa-rable A l'a-mour

du Seigneur. Non, non, non, rien n'est

compa-rable A l'amour du Seigneur. *Fin.*

Le bien le plus ai-ma

[55]

- - - ble Ne vaut point sa dou-

ceur : Le bien le plus ai-ma-ble Ne

vaut point sa dou-ceur. Non, non,

non, rien n'est compa-rable A l'amour

du Sei-gneur. Non, non, non, &c.

Mineur.

Heu-reuse l'a-me pure Qu'il

char - - - - - me par ses traits.

Son regne ame-ne, as-su-re Le

regne de la paix, Le re - - gne, Le

Non, non, non, non, non; c'en est fait, mon
 ame
　　Ne sent que ses attraits.
Non, non, non, &c.

　　Sa sainte ardeur m'enflamme,
　　Et me fixe à jamais.
Non, non, non, &c.

　　Lui seul sera, sans cesse,
　　Ma joie & mon recours,
　　Le bonheur, la richesse,
　　La gloire de mes jours.
Non, non, non, &c.

*I. Partie.* (*bis.*)　　　　H

[58]

# CANTIQUE XXI.
### Les effets du divin Amour.

**Affectueux.**

Amour, divin Amour! O que,  sous ton em-pi-re, On peut trouver  de biens, é´rou-ver des douceurs!  Plus on te goûte, & plus après toi  l'on sou-pi-re; Seul tu fais des heu-reux, seul tu ra-vis les cœurs. *Fin.*

Par ton se-cours tout est doux & faci-

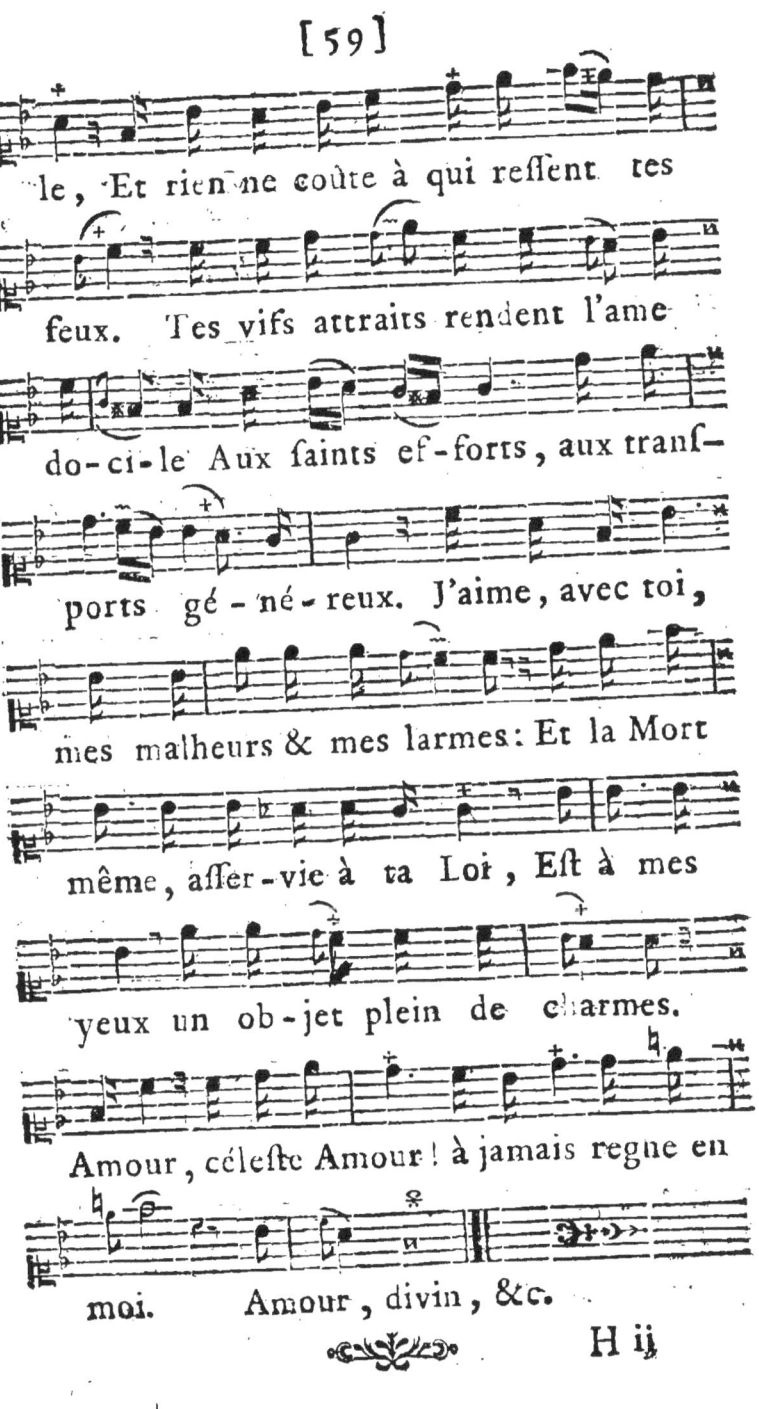

# CANTIQUE XXII.

*Désir de voir régner le divin Amour.*

**Modérément.**

Régnez - - - - - - - Régnez, Esprit divin, régnez sur tous les cœurs, régnez - - régnez sur tous les cœurs; Que leur amour s'enflam - - - - me au feu de vos ar- deurs! Qu'à votre gloi- re tout conspi- re! Régnez

[62]

tre em-pi - - re! Régnez sur tous les cœurs; Que leur amour s'en-flamme au feu de vos ar-deurs! Qu'à votre gloi-re tout consp-pi-re! Ré-gnez, - - - - - ré-gnez, - - régnez sur tous les cœurs.

# CANTIQUE XXIII.
*Le desir de de voir Dieu aimé.*

Léger.

De l'a-mour du Sei-gneur, Que tout res-pi-re La sainte ardeur; Que son em-pi-re Soumet-te tout cœur Aux loix de sa douceur, Soumet-

te tout cœur Aux loix de sa dou-

ceur, Aux loix de sa douceur. Que de la Jeu-nes-se, L'â-ge re-nais-

[65]

Paſ - - - - - - ſent à ja-

mais, Et s'é-ter-niſent d'ame en ame.

Que ſes chaſtes feux, Que ſes chaſtes

feux Pé-nétrent, rem-pliſ-ſent, Em-

bra-ſent, ra-viſ-ſent, Et la Terre &

les Cieux, Em-bra-ſent, ra-viſſent,

Et la Terre & les Cieux. De l'amour, &c

I. Partie. (bis)    I

# CANTIQUE XXIV.

*Sentiments de Reconnoissance & d'Amour.*

Gai.

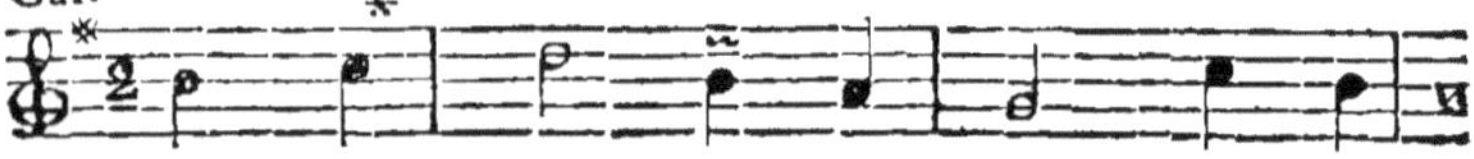

Que tout cœur, Au Seigneur, A tout

â-ge, Rende hommage; Que tout cœur,

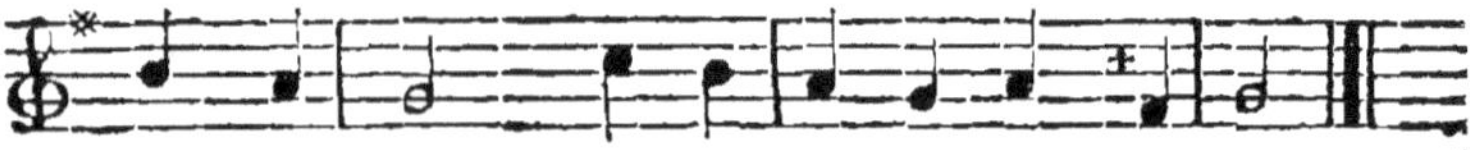

Au Seigneur, Donne toute son ardeur. *Fin.*

Que tout, &c. Seul principe de tout Etre,

Il forma nos premiers ans ; Seul no-

tre Souverain Maître, Il re-gle tous

nos moments. Nos jours, Sans son se-

[67]

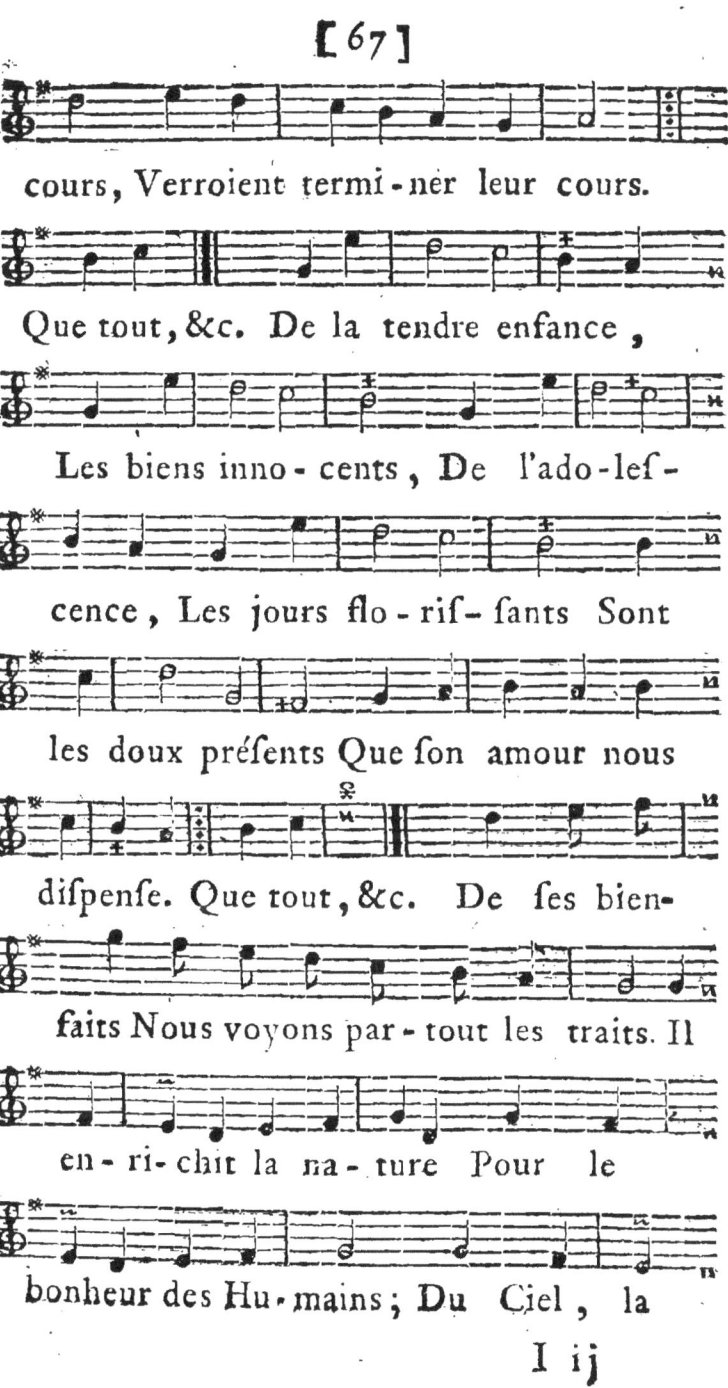

cours, Verroient termi-ner leur cours.

Que tout, &c. De la tendre enfance,

Les biens inno-cents, De l'ado-lef-

cence, Les jours flo-rif-fants Sont

les doux préfents Que fon amour nous

difpenfe. Que tout, &c. De fes bien-

faits Nous voyons par-tout les traits. Il

en-ri-chit la na-ture Pour le

bonheur des Hu-mains; Du Ciel, la

I ij

[ 68 ]

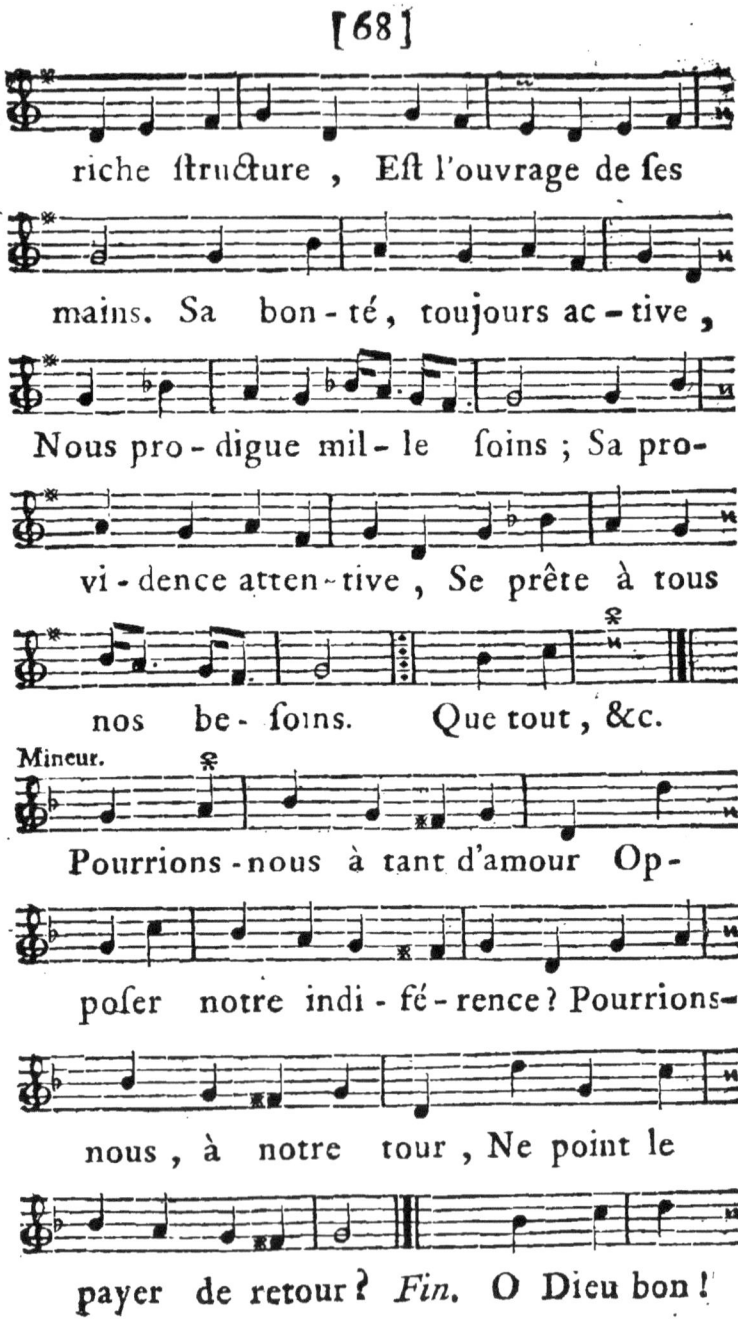

riche structure, Est l'ouvrage de ses mains. Sa bon-té, toujours ac-tive, Nous pro-digue mil-le soins; Sa pro-vi-dence atten-tive, Se prête à tous nos be-soins. Que tout, &c.

*Mineur.*
Pourrions-nous à tant d'amour Op-poser notre indi-fé-rence ? Pourrions-nous, à notre tour, Ne point le payer de retour ? *Fin.* O Dieu bon !

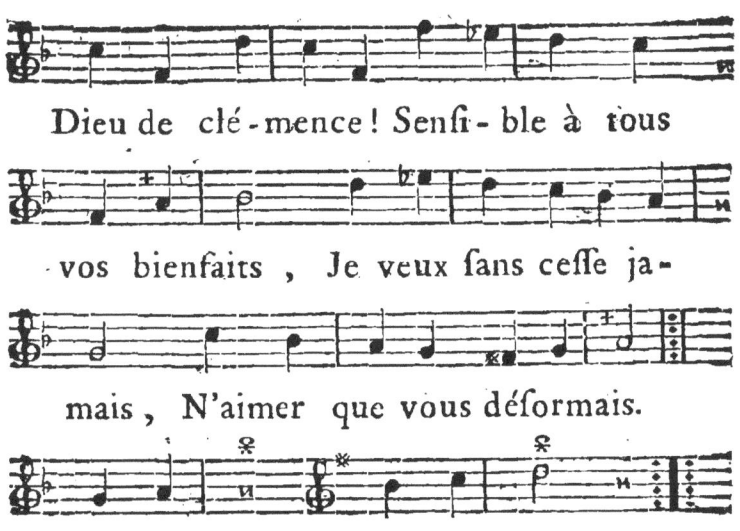

Pourrions, &c. Que tout cœur, &c.

Que tout cœur,
Au Seigneur,
A tout âge,
Rende hommage;
Que tout cœur,
Au Seigneur,
Donne toute son ardeur. *Fin.*
Que tout cœur, &c.

Dans le sein de la lumiere,
Si j'appris ses saintes Loix,
Si je crois, & si j'espere,
C'est à lui que je le dois.

Seigneur !
Sans vous, l'erreur
Auroit aveuglé mon cœur.
  Que tout cœur, &c.

Ce Dieu secourable,
S'immolant pour nous;
Victime adorable,
Vient mourir pour tous.
Combien est-il doux
D'être à ce Sauveur aimable !
  Que tout cœur, &c.

De son amour
Il nous fait part chaque jour ;
Il soutient notre foiblesse
Dans tous nos dangers pressants ;
Il nous cherche, il nous redresse
Dans tous nos égarements.
Si je péche, il me pardonne
Jusqu'à mille & mille fois,
Et sa grace me redonne
Sa tendresse, & tous mes droits.
  Que tout cœur, &c.

Pour combler tous ses bienfaits,
A nous il se donne lui-même,
Et dans l'éternelle paix,
Il nous fait régner à jamais. *Fin.*

Dieu d'amour, Beauté suprême!
Que par un juste retour,
Nous soyons, à notre tour,
Embrasés de votre amour.
Pour combler, &c.

> Que tout cœur,
> Au Seigneur,
> A tout âge,
> Rende hommage,
> Que tout cœur,
> Au Seigneur,

Donne toute son ardeur.

# CANTIQUE XXV.

*Qu'il faut servir le Seigneur avec joie, & dans la paix.* (a)

Ariette. Modérément.

Sous l'ai-mable Loi du Sei-gneur, N'a-yons ni langueur, ni langueur, ni tris-tesse ; Servons-le a-vec u-ne ferveur Plei-ne d'a-mour & d'alegres-se, Plei-ne d'a-mour & d'ale-gres-se. *Fin.* Son joug nous of-fre des douceurs Qui suivent, Qui suivent sans

[73]

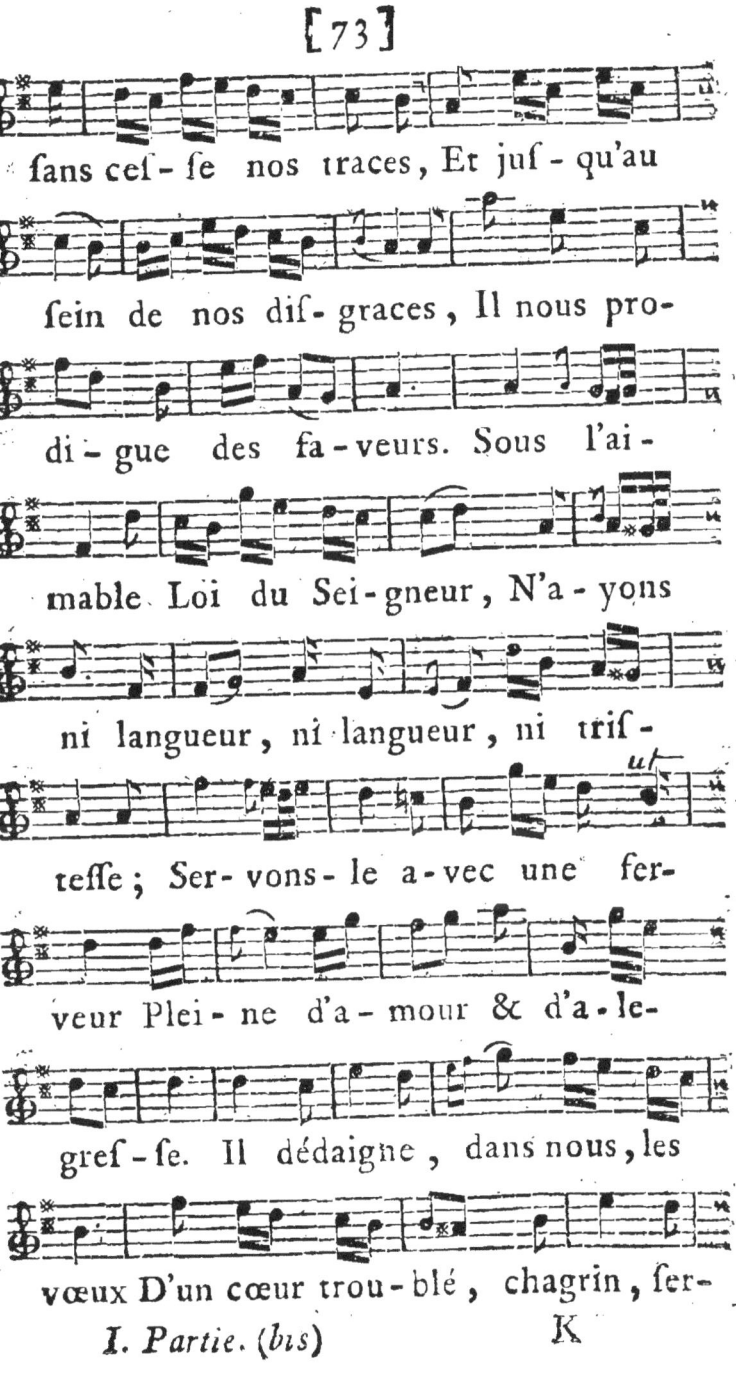

sans ceſ-ſe nos traces, Et juſ-qu'au ſein de nos diſ-graces, Il nous pro-di-gue des fa-veurs. Sous l'ai-mable Loi du Sei-gneur, N'a-yons ni langueur, ni langueur, ni triſ-teſſe; Ser-vons-le a-vec une fer-veur Plei-ne d'a-mour & d'a-le-greſ-ſe. Il dédaigne, dans nous, les vœux D'un cœur trou-blé, chagrin, ſer-

I. Partie. (bis)   K

(a) Servite Domino in lætitiâ. Pf. 99.
(b) Hilarem datorem diligit Deus. 2. Cor. 6. 9.

# CANTIQUE XXVI.

*Acte de conformité à la volonté de Dieu dans les Souffrances.*

Soumis aux loix de ta vengeance, Dieu d'amour! je bénis la rigueur de tes traits. Tu fus le juste Auteur de ma souffrance: Mais jusques dans mes maux, je connois tes bienfaits; Mais jusques dans mes maux, Mais jusques dans mes maux, je connois, tes bienfaits. *Fin.*

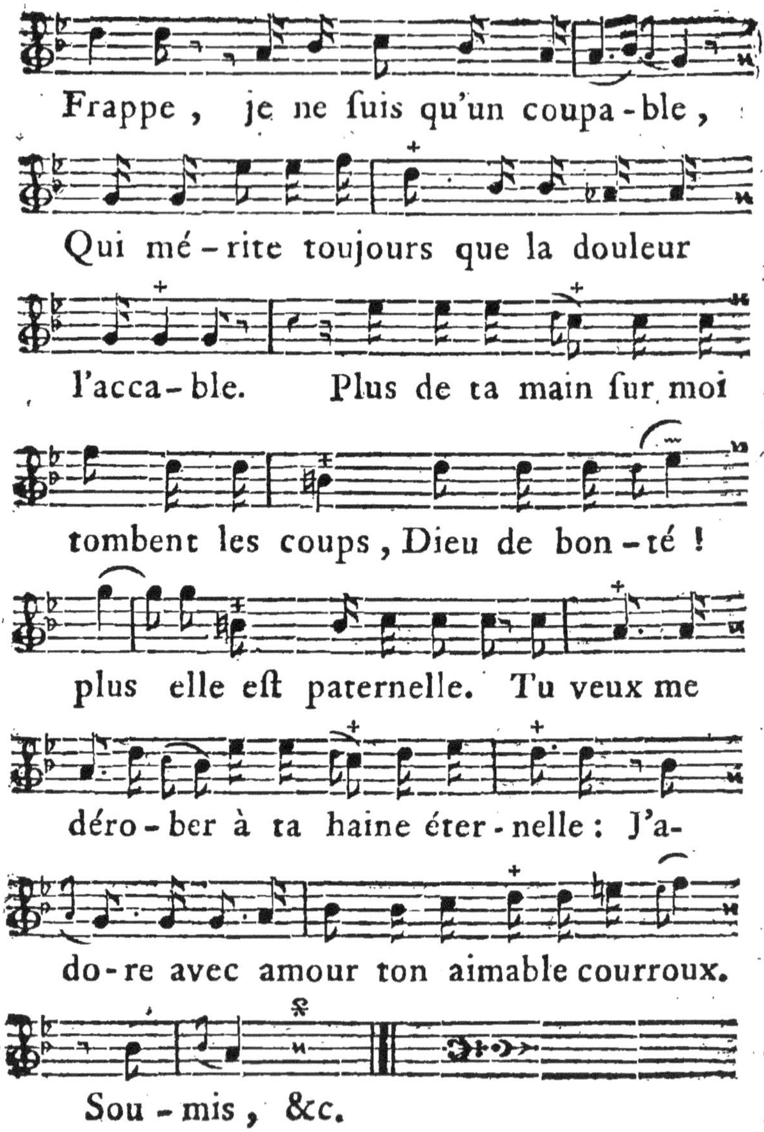

[76]

Frappe, je ne suis qu'un coupa-ble,

Qui mé-rite toujours que la douleur

l'acca-ble. Plus de ta main sur moi

tombent les coups, Dieu de bon-té!

plus elle est paternelle. Tu veux me

déro-ber à ta haine éter-nelle: J'a-

do-re avec amour ton aimable courroux.

Sou-mis, &c.

# CANTIQUE XXVII.

*Sentiments de confiance en la divine Providence.*

**Pastorale. Lentement.**

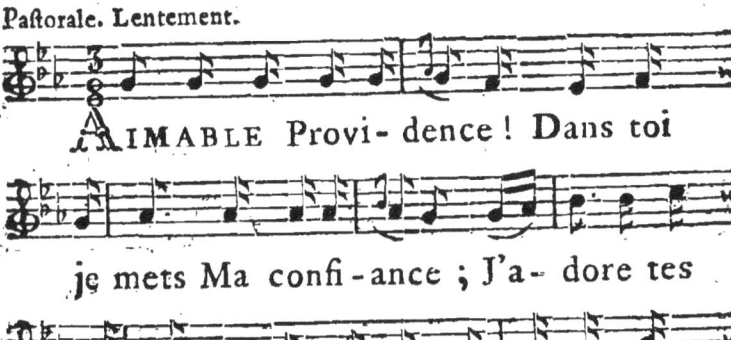

Aimable Provi- dence! Dans toi
je mets Ma confi -ance; J'a- dore tes
décrets: Mais de ta clé- mence J'ad-
mi -re les traits; Je bénis tes ar-

rêts; J'aime, J'aime tes bienfaits:

Aimable Próvi- dence! Dans toi je

mets Ma confi - ance; J'a - dore tes dé-

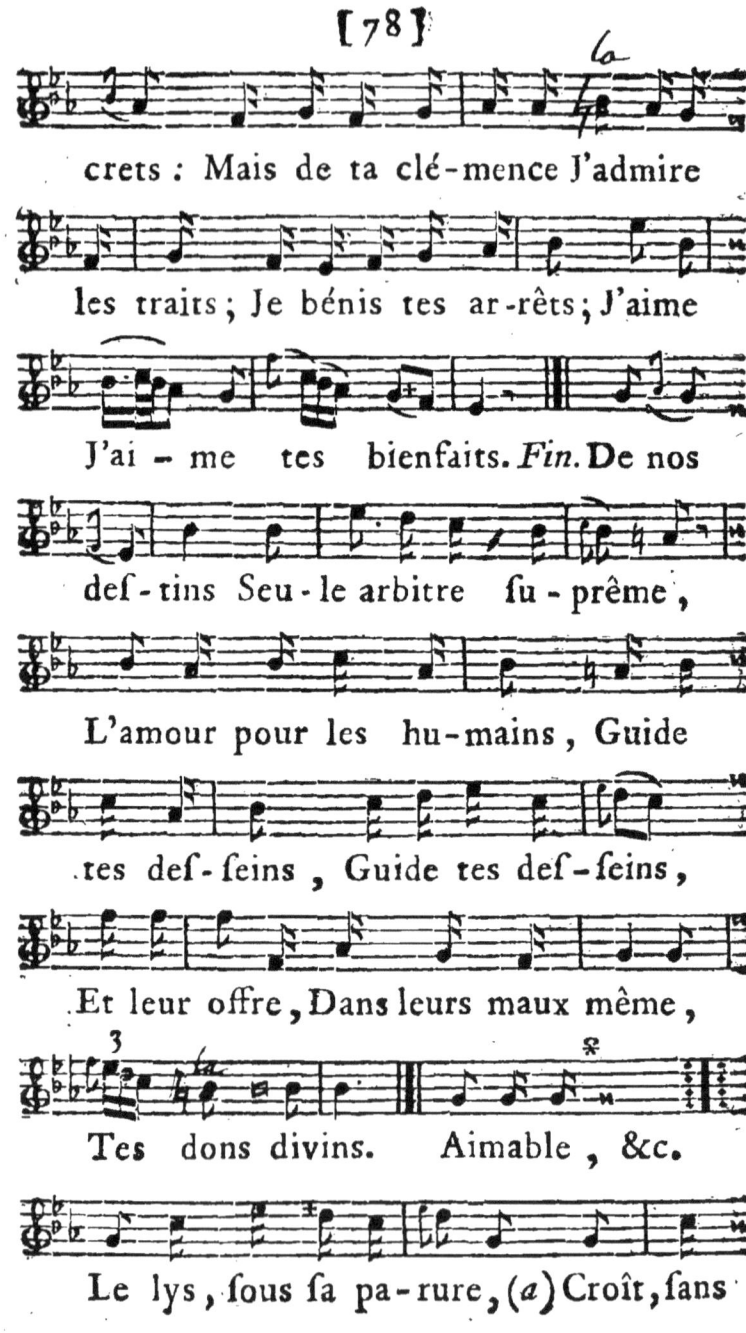

culture, Dans les champs. Par toi,
la Na-tu-re Donne la pâ-ture Aux
essaims des oiseaux naissants. (*b*) Dans
nos be-soins constants, Ta main mater-
nel-le N'oublieroit-elle Que
nous, tes En-fants? Aimable, &c.

(*a*) Consíderate lilia agri, quomodò crescunt, non, laborant, neque nent. *Math. c.* 6. *Luc.* 12.
(*b*) Qui dat escam pullis corvorum. *Ps.* 146.

# CANTIQUE XXVIII.

*Desir de posséder la Pureté.*

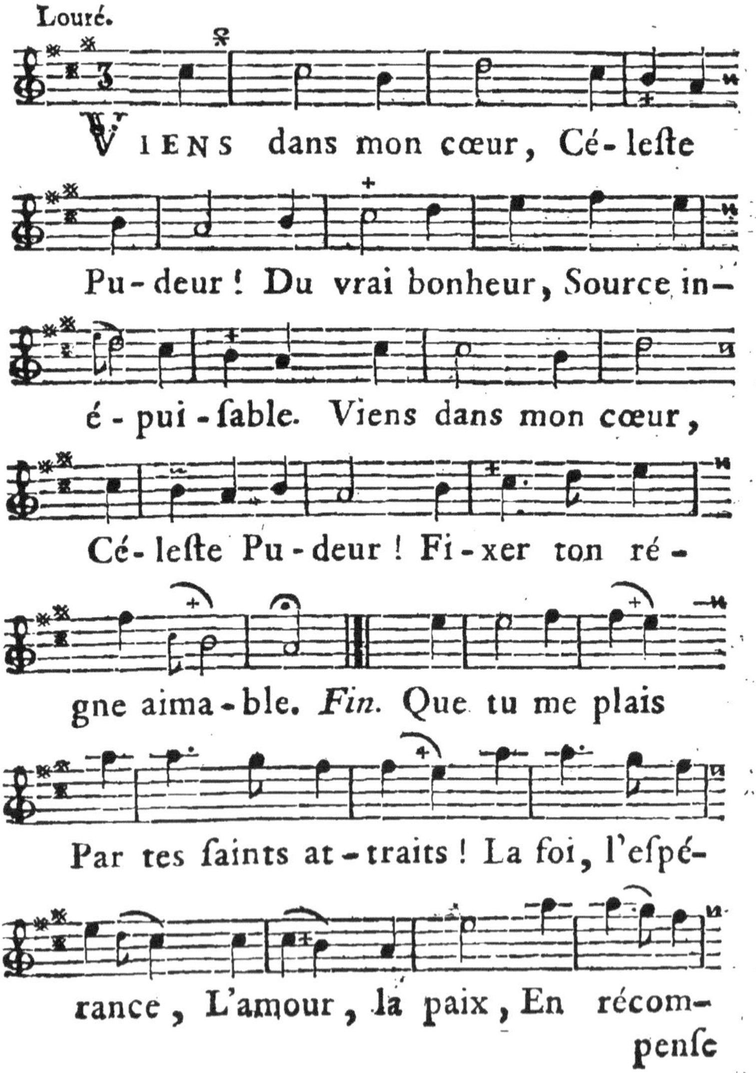

**Louré.**

Viens dans mon cœur, Céleste Pudeur ! Du vrai bonheur, Source inépuisable. Viens dans mon cœur, Céleste Pudeur ! Fixer ton régne aimable. *Fin.* Que tu me plais Par tes saints attraits ! La foi, l'espérance, L'amour, la paix, En récompense

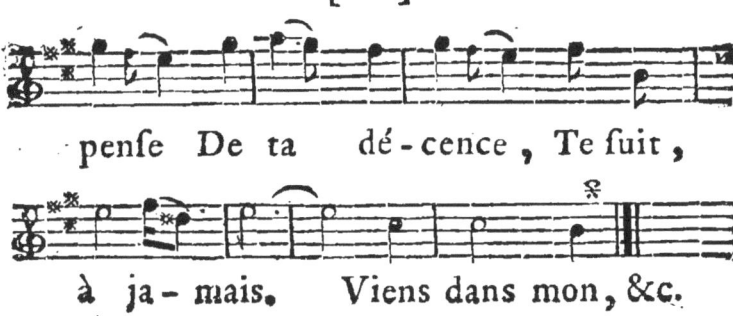

pense De ta dé-cence, Te suit, à ja-mais. Viens dans mon, &c.

I. Partie. (bis.) L

# CANTIQUE XXIX.

*Le bonheur d'une ame Religieuse qui aime sa solitude.*

Majestueusement.

CÉLESTE a‑syle ! Céleste a‑

Céleste a‑

sy‑le ! Sé‑jour, qui nous dérobe aux

sy‑le ! Sé‑jour, qui nous dérobe aux

pieges du mon-dain! Abri tran-

pieges du mon-dain!

quille, A-bri tran-quille! Qu'heu-

A-bri tran-quille Qu'heu-

L ij

[84]

reux sont les Elus que Dieu ca-

reux sont les Elus que Dieu ca-

Fin.

che en ton sein! Fin. Lieu so-li-

che en ton sein!

[85]

[88]

nes dé--li-ces Lui font

nes dé--li-ces Lui font

goû-ter leurs pré-mices.

goû-ter leurs pré-mices.

Pour

[89]

Pour lui, Ter - re des Saints!

Pour lui, Ter - re des Saints!

Tu n'as que des jours fe -

Tu n'as que des jours fe -

I. Partie. (bis.)  M

reins.   Céleste, &c.

reins.   Céleste, &c.

# CANTIQUE XXX.

*Pour les Enfants qui se disposent à recevoir le Sacrement de Confirmation.*

Léger.

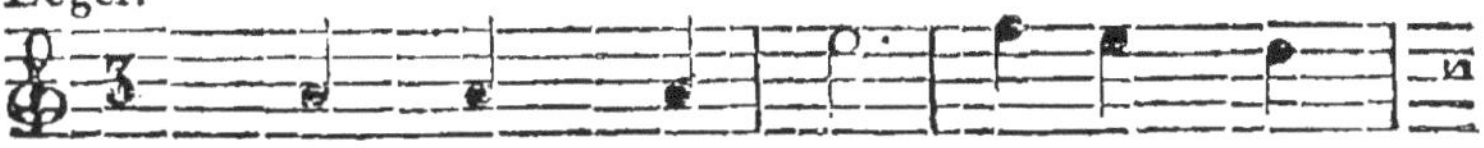

Jeunes Chrétiens, voici le  temps Où le Dieu des lumieres Vient ajouter des dons récents A ses faveurs premieres. Il a lavé vos jours naissants Dans l'onde 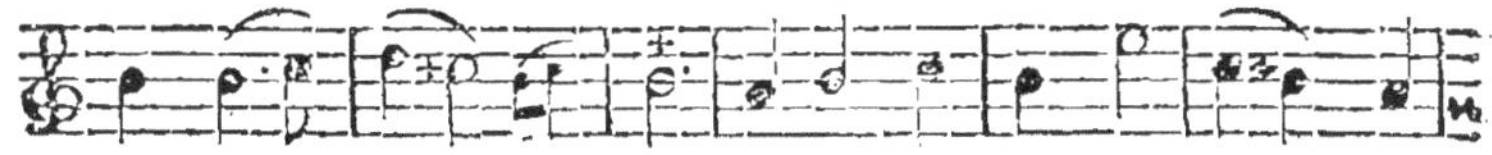 du Baptême; Il va munir vos tendres  ans Du doux sceau du saint chrême.

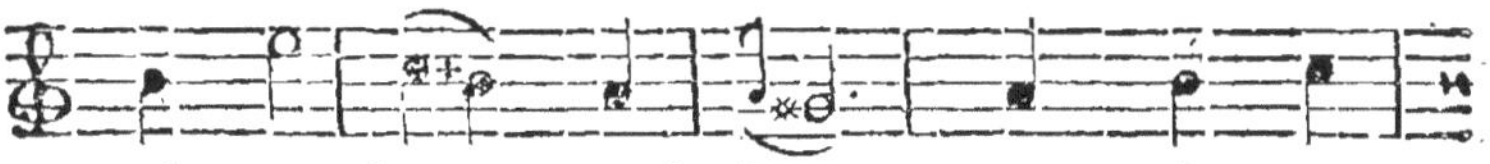

M ij

De l'Esprit Sanctificateur,
   La flamme bienfaisante
Va rallumer, dans vous, l'ardeur
   D'une foi languissante :
Et, sur vous, graver, à jamais,
   La vertu salutaire,
Qui scelle, des Chrétiens parfaits,
   L'auguste caractere.

Sur vous, d'un des Pontifes saints
   La parole efficace
Fera descendre, par ses mains,
   Les sources de la grace :
Préparez-vous à son aspect,
   Dans la plus humble attente,
Et rappellez, avec respect,
   Le Dieu qu'il représente.

Mais l'Esprit saint veut, chers Enfans,
   Que la reconnoissance
Ouvre, en vous, des cœurs innocents
   Aux dons qu'il vous dispense :
Versez sur vos jours criminels
   Des pleurs de pénitence,
Et sans cesse, au pied des Autels,
   Implorez sa clémence.

# CANTIQUE XXXI.

*Pour demander les sept Dons du Saint-Esprit.*

### DON DE SAGESSE.

Musette. Lent.

Viens dans nous, Don de Sa-

gesse ! Pré-sent du Ciel sans prix ; O

toi, qui fais seul la ri-chesse, Des

cœurs & des es-prits ! Viens fi-xer

tous nos sou-pirs, Epu-rer tous

nos de-sirs. Qu'à ja-mais en nous ex-

pire L'a-mour des biens mor-

tels, Et que no-tre ame ne sou-pire Qu'a-près les éter-nels.

### D'INTELLIGENCE.

O saint Don d'Intelligence !
    Fais luire, en moi, tes traits ;
Viens d'une fatale ignorance
    M'ôter le voile épais.
Que ton flambeau radieux
Brille, sans cesse, à mes yeux.
A l'éclat de tes lumieres,
    Que la divine Loi,
Que de la Foi les saints Mysteres
    Se dévoilent à moi.

### DE CONSEIL.

O Don de Conseil ! mon ame,
    Dans ses pressants besoins,
T'offre ses vœux, & te réclame ;
    Viens l'aider de tes soins :
Mets-la sous tes sages loix ;
Sois l'arbitre de son choix.
Qu'à toi seul, toujours docile,
    La gloire du Seigneur,
Et mon salut, soient le mobile
    Que suive son ardeur.

### DE FORCE.

Esprit Saint, Dieu de puissance!
 Venez remplir nos cœurs
D'un Don de Force & de constance,
 Qui les rende vainqueurs.
 Contre nous sont réunis
 Et mille, & mille ennemis:
Les Mondains, l'Enfer, nous-même,
 Tout nous porte des coups:
Dans ce danger constant, extrême,
 Daignez être avec nous.

### DE SCIENCE.

Accordez à ma priere,
 Divin Esprit! ce Don
Et de Science, & de lumiere
 Qui guide la raison:
 Qu'il éclaire tous mes pas,
 Jusqu'au jour de mon trépas:
Que du vice il me découvre
 Les piéges captieux;
Qu'il m'en détourne, & qu'il ne m'ouvre
 Que la route des Cieux.

### DE PIETÉ.

Descends, viens orner mon ame,
 O Don de Pieté!
Toi, par qui se nourrit, s'enflamme,
 S'accroît la sainteté:

Prête-moi de doux transports
Qui redoublent mes efforts :
Sois, sans cesse, ma ressource
Dans les revers humains ;
Et fais couler sur moi la source
Des autres dons divins.

## DE CRAINTE.

Esprit Saint ! que notre crainte,
Que notre amour pour vous,
Notre respect pour la Loi sainte
Croisse, à jamais, dans nous.
Que nos sens, que nos esprits
En soient pénétrés, remplis.
Qu'avant que de vous déplaire,
Nous sçachions tout souffrir,
Et tout entreprendre, & tout faire,
Et tout perdre, & mourir.

# CANTIQUE XXXII.

*Pour le commencement de la Messe.*

Air noté ci-dessus, page 91.

Autour de nos sacrés Autels,
 Osons tous prendre place ;
Là, Jesus a, pour les Mortels,
 Le trône de sa grace.
Allons à ce Dieu de bonté :
 Mais que la confiance,
L'ardeur, la foi, l'humilité,
 L'amour nous y devance.

❊

Pour nous ouvrir un libre accès
 Vers un si tendre Pere,
Faisons-lui de tous nos excès
 L'aveu le plus sincere :
Que la plus vive des douleurs
 Nous gagne sa clémence ;
Et que l'amour mêle ses pleurs
 A notre pénitence.

❊

Exaucez-nous, divin Sauveur,
 Adorable Victime !
I. *Partie.* (*bis*)

Et détruisez dans notre cœur,
Jusqu'à l'ombre du crime.
O Bienheureux! ô Chœurs des Saints!
Et vous, Reine des Anges,
Offrez-lui, de vos pures mains,
L'encens de nos louanges.

# CANTIQUE XXXIII.
### Pour l'Offertoire de la Messe.

Air noté ci-dessus, p. 93.

REGARDEZ d'un œil propice,
 O Dieu de Majesté !
Les saints apprêts du Sacrifice,
 Qui vous est présenté.
Qu'à vous seul en soit l'honneur ;
Qu'il nous comble de bonheur :
Qu'il vous rende un digne hommage ;
 Qu'il lave nos forfaits,
Et nous devienne un tendre gage
 De vos nouveaux bienfaits.

❋

A nos vœux venez vous rendre,
 O Fils de l'Eternel !
Du haut des Cieux venez descendre,
 Pour nous, sur cet Autel.
Nous ne sommes rien de nous ;
Mais nous sommes tout par vous.
Pour nous épargner l'abîme,
 Vous daignâtes mourir ;
Daignez-vous faire encor Victime,
 Et pour nous, vous offrir.

JESUS vient, que tout fléchisse,
Devant lui, les genoux :
Que ce saint Temple retentisse
De nos chants les plus doux.
Elevons vers lui nos cœurs ;
Ouvrons-les à ses faveurs.
Il descend, l'amour le presse.
Par un juste retour,
Offrons nous-même à sa tendresse,
Un cœur rempli d'amour.

# CANTIQUE XXXIV.

*Pour l'Elévation de la Sainte Hostie, ou la Bénédiction du S. Sacrement.*

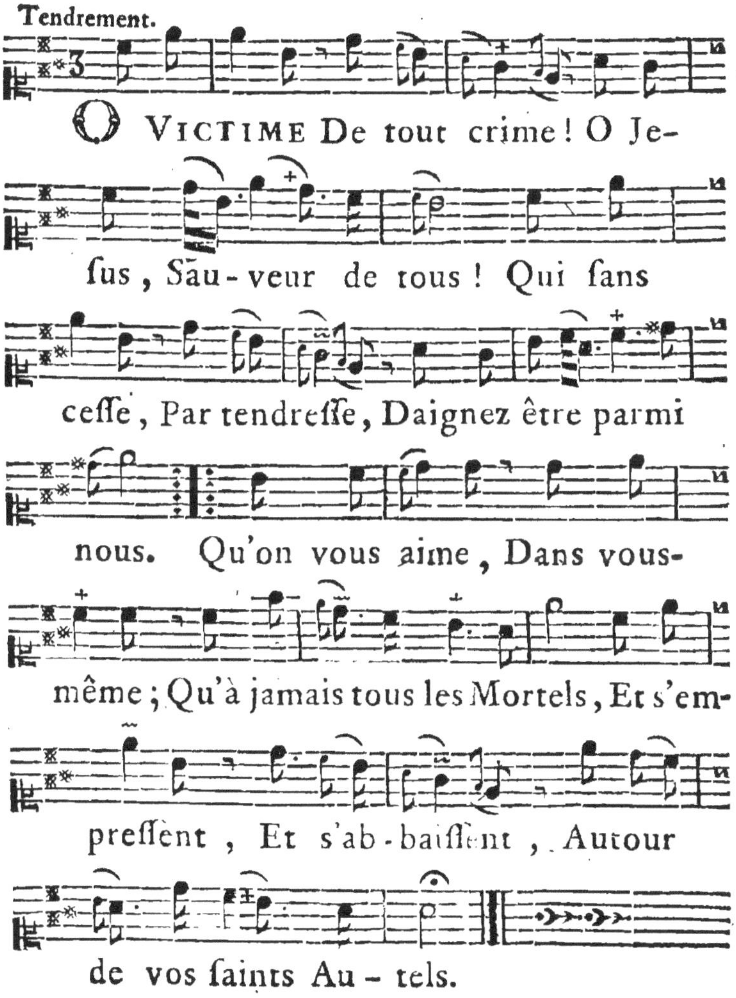

**Tendrement.**

O Victime De tout crime! O Jé-

sus, Sau-veur de tous! Qui sans

cesse, Par tendresse, Daignez être parmi

nous. Qu'on vous aime, Dans vous-

même; Qu'à jamais tous les Mortels, Et s'em-

pressent, Et s'ab-baissent, Autour

de vos saints Au-tels.

Chœurs des Anges!
Nos louanges
Sont trop peu pour ses bienfaits ;
Dans nos ames,
De vos flammes,
Allumez les plus doux traits.
Que sa gloire,
Sa mémoire,
Son amour, dans tous les temps,
D'un hommage
Sans partage,
Reçoive, en tous lieux, l'encens !

# CANTIQUE XXXV.

### AVANT LA SAINTE COMMUNION.

*Invitation aux Enfants qui doivent communier.*

**Louré.**

Troupe innocente D'Enfants chéris des

Cieux ! Dieu vous présente Son Festin

préci - eux.   Il veut, ce doux Sau-

veur, Entrer dans votre cœur : Dans

cette heureuse at-tente, Soyez pleins de fer-

veur, Troupe inno - cen - - - te !

### Acte de Foi & d'Adoration.

Mon divin Maître !
Par quel amour, comment
Daignez-vous être
Dans votre Sacrement ?
Vous y venez pour moi :
Plein d'une vive foi,
J'y viens vous reconnoître
Pour mon Sauveur, mon Roi,
Mon divin Maître.

### Acte d'Humilité.

Dieu de puiſſance !
Je ne ſuis qu'un pécheur ;
Votre préſence
Me remplit de frayeur.
Mais pour voir effacés
Tous mes péchés paſſés,
Un ſeul trait de clémence,
Un mot ſeul eſt aſſez,
Dieu de puiſſance !

### Acte de Contrition.

Mon tendre Pere !
Acceptez les regrets
D'un cœur ſincere,
Honteux de ſes excès.

Vous

Vous m'en verrez gémir
Jufqu'au dernier foupir.
Avant de vous déplaire,
Puiffé-je ici mourir,
  Mon tendre Pere !

### Acte d'Amour.

  Plus je vous aime,
Plus veux-je vous aimer,
  O bien fuprême,
Qui feul peut me charmer !
Mais, ô Dieu plein d'attraits !
Quand, avec vos bienfaits,
Vous vous donnez vous-même,
Plus en vous je me plais,
  Plus je vous aime.

### Acte de Defir.

  Que je defire
De ne m'unir qu'à vous !
  Que je foupire
Après un bien fi doux !
O quand pourra mon cœur
Goûter tout le bonheur
D'être fous votre empire !
Hâtez-moi la faveur
  Que je defire.

# CANTIQUE XXXVI.

### APRÈS LA SAINTE COMMUNION.

*Invitation à remercier le Seigneur.*

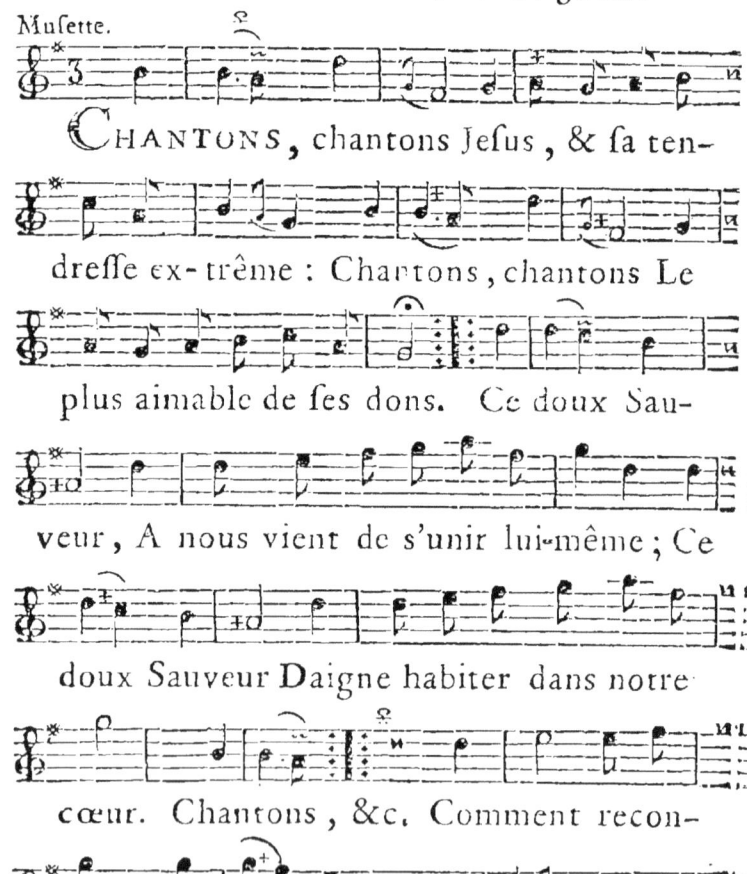

CHANTONS, chantons Jesus, & sa tendresse ex-trême : Chantons, chantons Le plus aimable de ses dons. Ce doux Sauveur, A nous vient de s'unir lui-même ; Ce doux Sauveur Daigne habiter dans notre cœur. Chantons, &c. Comment reconnoître L'amour d'un si bon Maître ? Com-

ment reconnoître Un si grand excès de fa-

veur: Chantons, &c. Qu'en nous tout s'u-

nisse : Que tout y bé-nisse Ce Maître pro-

pice, Ce Dieu de douceur. Chantons, &c.

*Acte d'Adoration & de Foi.*

Dieu de grandeur !
Plein de respect, je vous révere ;
Dieu de grandeur !
J'adore, dans vous, mon Seigneur.
Dieu de grandeur ! &c.

La vive foi,
Dans cet heureux instant m'éclaire ;
La vive foi
Vous dévoile, à mes yeux, dans moi.
Dieu de grandeur ! &c.

O Chœurs de saints Anges !
Que n'ai-je vos louanges !

O ij

O Chœurs de saints Anges !
Adorez, pour moi, votre Roi.
    La vive foi, &c.
    Dieu de grandeur, &c.

Que sous son empire,
Tout ce qui respire,
Aime à se réduire,
Et garde sa Loi.
    La vive foi, &c.
    Dieu de grandeur ! &c.

*Acte de confiance.*

Divin Epoux !
Mon ame à vous seul s'abandonne :
Divin Epoux !
Mon ame n'a d'espoir qu'en vous.
    Divin Epoux ! &c.

Vous seul, toujours,
Serez ma vie & ma couronne ;
Vous seul, toujours,
Serez ma force & mon recours.
    Divin Epoux, &c.

Quand on vous possede,
Le Monde, l'Enfer céde :
Quand on vous possede,
Tout fuit devant votre secours
    Vous seul, toujours, &c.
    Divin Epoux, &c.

O Dieu de clémence!
Que ma confiance,
En votre puissance,
Rende saints mes jours.
 Vous seul, toujours, &c.
 Divin Époux, &c.

### *Acte d'Amour.*

Aimons Jesus,
Pour lui que notre cœur s'enflamme!
Aimons Jesus
De tout nous-même, encore plus.
 Aimons Jesus, &c.

 Puis-je, à mon tour,
O Dieu, qui regnez dans mon ame!
 Puis-je, à mon tour,
Pour vous, ne point brûler d'amour!
 Aimons Jesus, &c.

Je l'aime, oui, je l'aime
Jesus, plus que moi-même :
Je l'aime, oui, je l'aime,
Pour l'aimer jusqu'au dernier jour.
 Puis-je, à mon tour, &c.
 Aimons Jesus, &c.

Ce don ineffable,
Que son cœur aimable
Me fait, à sa Table,

Veut tout mon retour.
Aimons Jesus, &c.
Puis-je, à mon tour, &c.

### Acte d'Offrande.

Pour vos bienfaits,
Que vous offrir, ô divin Maître !
Pour vos bienfaits,
Je m'offre à vous seul, pour jamais.
Pour vos bienfaits, &c.

Mes biens, mon cœur,
Mon ame, mon esprit, mon être,
Mes biens, mon cœur,
En moi, tout est pour le Seigneur.
Pour vos bienfaits, &c.

Pour lui je veux vivre,
A lui seul je me livre ;
Pour lui je veux vivre,
Et ne veux point d'autre douceur.
Mes biens, mon cœur, &c.
Pour vos bienfaits, &c.

A lui je m'engage :
Il est mon partage,
Il est le doux gage
De mon vrai bonheur.
Mes biens, mon cœur, &c.
Pour vos bienfaits, &c.

*Acte de Demande.*

O Dieu puissant !
Par les dons de vôtre présence,
O Dieu puissant,
Conservez mon cœur innocent !
O Dieu puissant, &c.

Dieu de bonté !
Donnez-moi la foi, l'espérance,
Dieu de bonté !
L'amour, la paix, la sainteté.
O Dieu puissant, &c.

Qu'en vous je demeure,
Jusqu'à ma derniere heure :
Qu'en vous je demeure,
Sans cesse & dans l'éternité.
Dieu de bonté, &c.
O Dieu puissant, &c.

O Chair vénérable
Du Verbe adorable !
Rends inébranlable
Ma fidélité.
Dieu de bonté, &c.
O Dieu puissant, &c.

# CANTIQUE XXXVII.

*Pour le Renouvellement des vœux du Baptême.*

**Léger.**

Allons à la Sain-te Pif-ci-ne,

Où le Dieu de tou-te bon-té Daigna nous

rendre la beau-té, Que nous ra-

vit no-tre o-ri-gi-ne. Allons au

Dieu, qui feul nous fit heu-reux,

Renouveller l'hommage de nos vœux. *Fin.*

[113]

Ce fut dans ce lieu fa-lu-tai-re,

Que ce Dieu, dès nos jours naiſſants,

Nous mit au rang de ſes en-fants,

Pour n'être plus que notre Pe-re.

Allons au, &c. Ce fut là que ſa main pro-pi-ce, En rompant nos fers o-dieux,

Nous ou-vrit la route des Cieux,

Et nous fer-ma le pré-ci-pi-ce.

Allons au, &c.
I. *Partie.* (*bis.*)   P

[114]

Quand ce Dieu bénît notre enfance,
Nous lui promîmes d'être à lui;
Promettons-le, encore aujourd'hui,
Mais ayons bien plus de constance.
Je l'ai promis, Seigneur, & le promets;
Tout à vous seul je veux être à jamais.
Je l'ai promis, &c.

C'est l'ombre de sa providence
Qui garantit nos premiers jours;
Si nous voyons durer leur cours,
Nous le devons à sa clémence.
Je l'ai promis, &c.

De ses dons, dans notre jeunesse,
Il remplit notre ame & nos cœurs;
Il est mille & mille faveurs
Qui nous rappellent sa tendresse.
Je l'ai promis, &c.

Non, non, le démon & sa rage
Sur moi ne pourront jamais rien;
Il est indigne d'un Chrétien
De gémir dans son esclavage.
Je l'ai promis, Seigneur, & le promets;
Je lui renonce, & l'abhorre à jamais.
Je l'ai promis, &c.

Jaloux de mon riche partage,
Cet ennemi de mon bonheur
Veut m'ôter le joug du Seigneur,
Et me ravir mon héritage.
Je l'ai promis, &c.

Il fut, & ne veut cesser d'être
Mon tourment, mon fléau mortel.
Pour suivre un tyran si cruel,
Quitterois-je mon divin Maître ?
Je l'ai promis, &c.

Le monde, & ses délices vaines
M'offriroient en vain leurs douceurs ;
Jamais ses charmes imposteurs
Ne me retiendront dans ses chaînes.
Je l'ai promis, Seigneur, & le promets ;
Oui, je renonce au monde pour jamais ;
Je l'ai promis, &c.

Les biens dont les mondains jouissent,
N'ont que trop abusé mes sens ;
Mais aujourd'hui n'est-il point temps
Que mes erreurs s'évanouissent ?
Je l'ai promis, &c.

Hélas ! quelle fut ma misere !
Je courois à de faux plaisirs,

P ij

Et ne portois point mes defirs
Au feul objet qui dût me plaire.
Je l'ai promis, &c.

Des dons que la divine Grace
Se plût à répandre fur moi,
Mon Dieu, fur-tout, veut que la foi,
De mon cœur jamais ne s'efface.
Je l'ai promis, Seigneur, & le promets,
Je me foumets à la foi, pour jamais.
Je l'ai promis, &c.

Je l'ai promis; je crois au Pere,
Auteur & Créateur de tous;
Au Fils, qui s'immola pour nous;
Au Saint Efprit qui nous éclaire.
Je l'ai promis, &c.

De Jefus, l'Epoufe fidelle
Sera mon Oracle & ma Loi;
Je croirai; pour régler ma foi,
Tout ce qu'il m'annonce par elle.
Je l'ai promis, &c.

Fonts facrés, où j'eus l'innocence!
Temple heureux, divins monuments!
Soyez témoins de mes ferments;
Vous le ferez de ma conftance.

Je l'ai promis, Seigneur, & le promets;
C'est à vous seul que je suis, désormais.
Je l'ai promis, &c.

 Que si jamais, dans ma foiblesse,
 J'oublie, hélas! mes saints projets,
 Je viendrai vers ces chers objets,
 Pour y relire ma promesse.
Je l'ai promis, &c.

 Le Dieu fort, le Dieu de puissance
 Sera ma force & mon appui;
 Je ne mets mon espoir qu'en lui,
 Et j'attends tout de sa clémence.
Je l'ai promis, Seigneur & le promets;
C'est à vous seul que je suis désormais.

# CANTIQUE XXXVIII.

*Priere à l'Esprit Saint, pour lui demander son amour.*

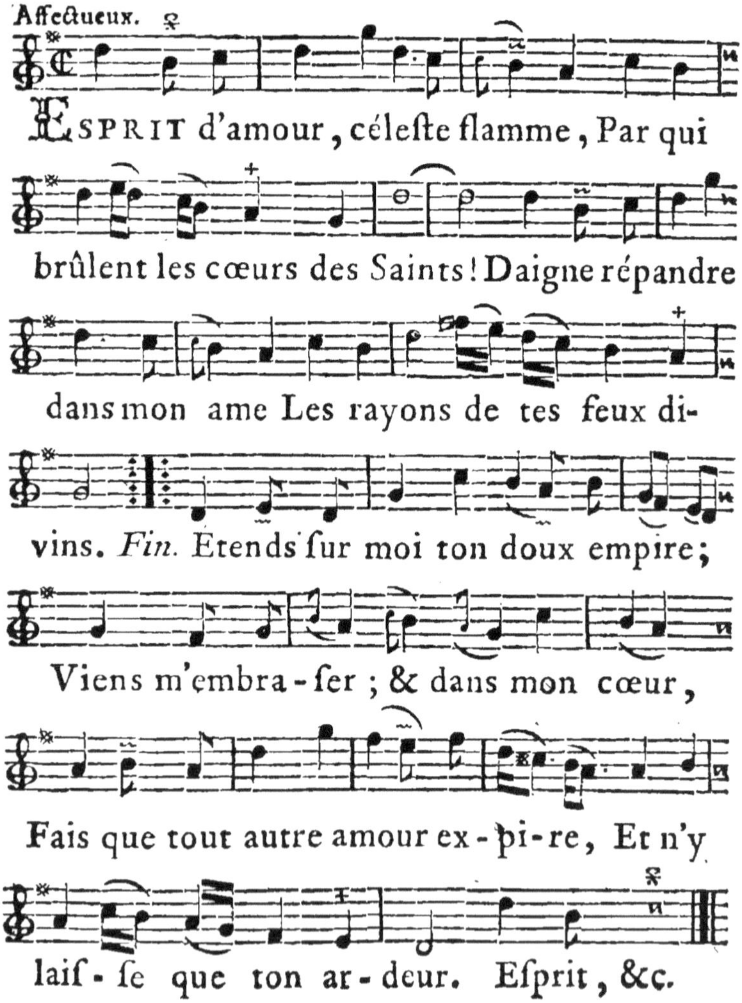

**Affectueux.**

ESPRIT d'amour, céleste flamme, Par qui brûlent les cœurs des Saints! Daigne répandre dans mon ame Les rayons de tes feux divins. *Fin.* Etends sur moi ton doux empire; Viens m'embra-ser; & dans mon cœur, Fais que tout autre amour ex-pi-re, Et n'y laiſ-ſe que ton ar-deur. Eſprit, &c.

[119]

# CANTIQUE XXXIX.

*Sur le Jubilé.*

Légérement.

\* Sortez, Peu-ples heu-reux, de la nuit déplorable, Qui vous tenoit plon-gés dans un fa-tal sommeil : Des plus beaux jours re-naît la clar-té fa-vo-rable ; Le salut s'offre à nous ; hâtez votre ré-veil.

\* *Rom.* 13, v. 11.

Du Pere des Chrétiens la voix sainte & touchante
Deja s'est faite entendre, au loin, dans l'Univers;
Et l'Eglise, envers nous, Mère tendre & puissante,
Ouvre, par lui, le sein de ses trésors divers.

Dieu n'use point toujours des droits de sa vengeance,
Ce n'est qu'avec regret qu'il se montre irrité,
Et tous les temps, pour lui, sont des temps de clémence,
Quand un pécheur contrit recourt à sa bonté.

C'est en ces jours, sur-tout, de grace & de lumière,
Que sa miséricorde étale tous ses traits,
Que son cœur paternel remplit la terre entiere
De ses plus riches dons, de ses plus grands bienfaits.

Son Sang divin versé pour la rançon du Monde,
N'a point perdu son prix, sa force, sa valeur,
Et pour nous coule encor cette source féconde,
Qui de tous les forfaits efface la noirceur.

O

O vous, que du péché la chaîne criminelle
Captive sous le joug du monde & des enfers!
Courez entre ses bras, sa bonté vous appelle,
Pour guérir tous vos maux, & rompre tous vos
 fers.

L'aveu de ses excès humble & simple & sincère,
Le vœu d'aimer son Dieu, l'espoir en son saint
 Nom,
Une douleur de cœur, vive, profonde, amère,
Au plus grand des pécheurs assure le pardon.

Qu'il est doux, qu'il est bon le Dieu qui nous
 pardonne!
Il change, en passagers, d'éternels châtiments;
Il fait plus, dans ces jours, il nous offre, il nous
 donne
Le moyen d'échapper, même aux peines du tems.

Jeûnons, ouvrons nos mains aux maux de l'in-
 digence,
Prions, selon les vœux du Prince des Pasteurs,
Portons au saint Banquet l'amour & l'innocence,
Et nous serons exempts des dettes des pécheurs.

Aux graces du Seigneur ne soyons point rebelles;
Allons, volons à lui, puisqu'il nous tend les
 bras,

*I. Partie.* ( *bis.* )              Q

Peut-être, hélas ! un jour, trop long-tems infi-
 dèles,
Pourrions-nous le chercher & ne le trouver pas.

O doux Sauveur, ô Dieu de clémence éternelle !
O vous, qui seul tenez tous les cœurs dans vos
 mains !
Touchez, changez le nôtre, & rendez-le fidéle
A recueillir les fruits de vos bienfaits divins.

Daignez encor, Seigneur, de notre Sainte
 Mère
Etendre, maintenir le triomphe, à jamais,
Détruire toute erreur à ses dogmes contraire,
Et des Princes, ses Fils, éterniser la paix.

# CANTIQUES
## SUR LES MYSTERES
### ET LES FÉTES.

## CANTIQUE I.
*A l'honneur du Sacré Cœur de Jesus.*

Léger.

Cœur de Je-sus, Cœur à jamais ai-

ma - - ble! Cœur digne d'être à jamais

a - do - ré! Ouvre à mon cœur un accès

Q ij

[124]

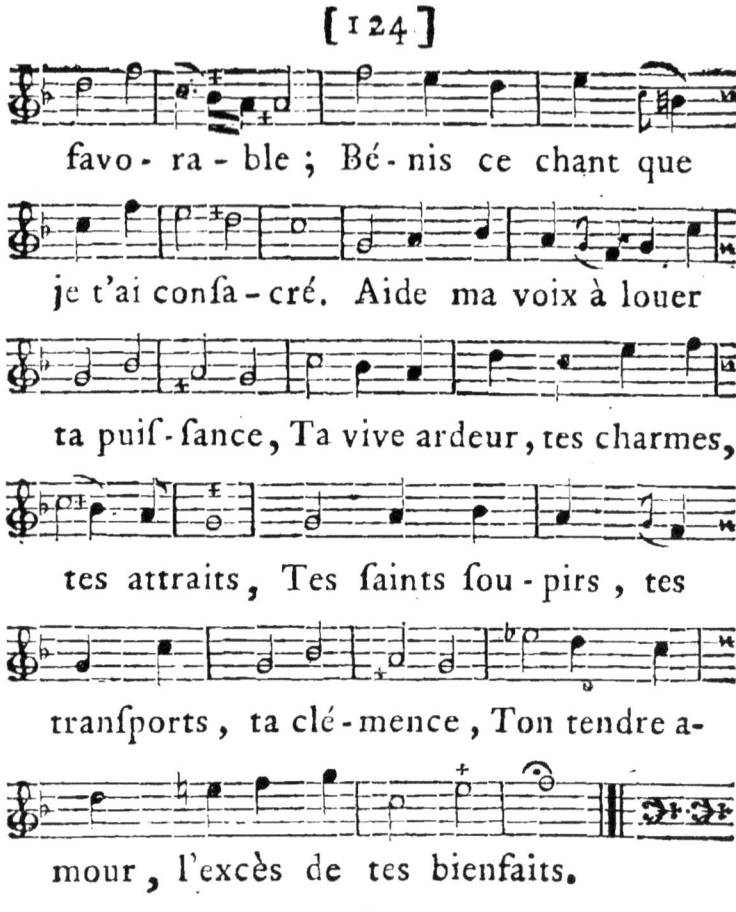

favo-ra-ble ; Bénis ce chant que je t'ai consa-cré. Aide ma voix à louer ta puis-sance, Ta vive ardeur, tes charmes, tes attraits, Tes saints sou-pirs, tes transports, ta clé-mence, Ton tendre a-mour, l'excès de tes bienfaits.

❈

O divin Cœur ! ô source intarissable
De tout vrai bien, de douceur, de bonté !
Tu réunis, dans ton centre adorable,
Tous les trésors de la Divinité.
Maître des dons de sa magnificence,
Arbitre seul des célestes faveurs !
Cœur plein d'amour ! tu mets ta complaisance
A les répandre, à les voir dans nos cœurs.

Jesus naissant déja fait ses délices
De se livrer, & de souffrir pour nous ;
Déja son cœur nous donne les prémices
Des flots de sang qu'il vient verser pour tous.
Ce Cœur, toujours sensible à nos disgraces,
Sur nos besoins s'ouvrit de jour en jour,
Et du Sauveur marqua toutes les traces,
Par tous les traits d'un généreux amour.

Quand Jesus suit la Brebis infidelle,
Son Cœur conduit, & fait hâter se pas ;
Quand il reçoit un Fils ingrat, rebelle,
Son Cœur étend & resserre ses bras.
Quand, à ses pieds, la femme pénitente
Vient déposer ses pleurs & ses regrets,
Son Cœur en fait une fidelle amante,
Qu'il enrichit de ses plus doux bienfaits.

C'est dans ce Cœur, de tous les cœurs l'asyle,
Que l'ame tiede excite sa langueur,
Que le pécheur a son pardon facile,
Que le fervent enflamme son ardeur.
Le cœur plongé dans le sein des disgraces,
Trouve, dans lui, l'oubli de sa douleur,
Et le cœur foible, une source de graces,
Qui le remplit de force & de vigueur.

Jardin sacré! vous, ô Montagne sainte!
Tristes témoins de Jesus affligé!
Apprenez-nous dans quels excès de crainte,
Dans quels ennuis son cœur étoit plongé?
Quand de la mort sentant la vive atteinte,
Et tout le poids du céleste courroux,
Ce Dieu d'amour voyoit la terre teinte
Des flots de sang qu'il répandoit pour nous.

❀

Ce fut son Cœur, qui d'un amer Calice,
Lui fit, pour nous, accepter les rigueurs,
Et qui, pour nous, l'offrit à la malice,
A tous les traits de ses persécuteurs.
Si sur la Croix Jesus daigne s'étendre,
Son Cœur l'y fixe; & s'il daigne y mourir,
Oui, c'est son Cœur, ce Cœur, pour nous si tendre,
Qui nous fait don de son dernier soupir.

❀

Mais c'est encor trop peu pour sa tendresse:
Ce même Cœur, fixé sur nos Autels,
Se réproduit, se ranime sans cesse,
Pour s'y prêter au bonheur des Mortels.
C'est là, toujours, que placé sur un trône
D'amour, de paix, de grace & de douceur,
Pour eux il s'offre, il s'immole, il se donne;
Pour tout retour, n'exigeant que leur cœur.

Cœurs trop long-temps endurcis, insensibles!
A ses desirs vous refuseriez-vous ?
Par quels bienfaits, par quels traits plus visibles
Peut-il montrer ses tendres soins pour nous ?
Ce riche don de son amour extrême
Ne pourra-t-il vous vaincre, vous charmer ?
Ah ! mille fois, mille fois anathême
Au cœur ingrat qui ne veut point l'aimer.

Bienheureux ceux que l'innocence pure
Conduit souvent à son sacré Festin,
Et dont l'amour puise sa nourriture
Dans sa substance & dans son sang divin !
C'est là sur-tout qu'il s'unit à leur ame,
Par le plus fort & le plus doux lien,
Et que leur cœur & s'embrase & s'enflamme
Des mêmes feux dont est brûlé le sien.

Par quels excès, hélas ! d'irrévérence,
De sacrilege, & de témérité !
Par quel oubli, par quelle indifférence
N'ose-t-on point outrager sa bonté ?
Cœurs innocents, & vous ames ferventes,
Vengez, vengez & sa gloire & ses dons ;
Rendez, pour lui, vos flammes plus ardentes,
Vos vœux plus purs, vos respects plus profonds.

Que sur la terre, à jamais, d'âge en âge,
Ce Cœur sacré, caché dans nos Lieux saints,
Ait, & les vœux, & l'amour, & l'hommage,
Et le tribut de l'encens des humains!
Que dans les Cieux les Puissances l'honorent,
Qu'il regne après les siécles éternels;
Que tous les cœurs & l'aiment & l'adorent;
Que tous les cœurs soient pour lui des autels.

Cœur de Jesus, sois, à jamais, ma gloire;
Sois mon amour, mes charmes, ma douceur;
Sois mon soutien, ma force, ma victoire,
Ma paix, mon bien, ma vie & mon bonheur.
Sois, à jamais, toute mon espérance;
Sois mon secours, mon guide, mon Sauveur;
Sois mon trésor, ma fin, ma récompense,
Mon seul partage, & le tout de mon cœur.

CANTIQUE

# CANTIQUE II.

*A l'honneur du Sacré Cœur de Marie.*

Heureux, qui du Cœur de Ma-
ri - e Connoît, ho - nore les grandeurs,
Et qui, fans crainte, fe con - fi - e En fes ma-
ternelles faveurs! Ses jours coulés fous
fes auf - pi - ces, A l'abri des pé-
rils humains, Seront des jours ferains, pro-
pi - ces, Calmes, u - tiles, purs & faints.

*I. Partie. (bis.)*  R

Après le Cœur du divin Maître,
A qui seul est dû tout encens,
Fût-il jamais, & peut-il être
Un Cœur plus digne de nos chants ?
En est-il de plus respectable,
De plus auguste, de plus grand,
De plus puissant, de plus aimable,
De plus doux, de plus bienfaisant ?

Déja sa future excellence
Captivoit, dans l'éternité, (*)
Les yeux, les soins, la complaisance
Du Dieu de toute sainteté :
Déja de la coupable race
Parmi les cœurs, seul démêlé,
L'Auteur de la céleste Grace,
De tous les dons l'avoit comblé.

Les Cieux se trouvent sans parure,
Auprès des traits de sa beauté ;
Des Anges l'innocence pure,
Voit s'éclipser sa pureté,
Et de respect, baissant leurs ailes,
Les Légions des Séraphins,
Du haut des voûtes éternelles,
Lui cèdent, en transports divins.

---

(*) Ab æterno ordinata sum. *Parab. Salm. c. 9.*

Parois, ô Fille bien-aimée !
Console, charme l'univers,
Et plus terrible qu'une armée,
Confonds, écrase les Enfers.
Cours au Temple, où le Ciel t'appelle ;
Vas présenter à l'Immortel,
Ton Cœur, l'offrande la plus belle,
Qui fut portée à son Autel.

A l'ombre de ses Tabernacles,
C'est-là que le Dieu des élus,
Fait, en elle, autant de miracles
Qu'il y voit croître de vertus.
Là, son Cœur, pur, humble & docile
Aux grands, aux éternels desseins,
Se forme à devenir l'asyle,
Et le séjour du Saint des Saints.

Au moment où la Vierge est Mère,
Sans ternir son intégrité,
Son Cœur se change en Sanctuaire
De l'adorable Trinité,
Et c'est dans lui que prend sa source
Le Sang salutaire & divin,
Qui doit seul être la ressource,
Et la rançon du Genre-humain.

O ! de quels charmes fut suivie,
De quels sacrés transports d'ardeur,
L'union du Cœur de MARIE
Avec celui d'un Fils SAUVEUR !
O quelle intime ressemblance
De sentiments d'humilité,
De dénûment, d'obéissance,
De douceur & de charité !

❈

Calmer la céleste vengeance,
Nous sauver ; ces deux grands objets,
De leur commune intelligence
Occupent les vastes projets :
Le même amour, le même zèle,
La même activité de feux,
La même flamme mutuelle
Les brûle & dévore tous deux.

❈

Quand JESUS, né dans l'indigence,
Baigne, pour nous, ses yeux de pleurs,
MARIE, avide de souffrance,
Aime à s'unir à ses douleurs !
Quand, chargé de nos injustices,
Il veut de son Sang innocent,
Pour nous, repandre les prémices,
Le Cœur de MARIE y consent !

Si, pour nous, l'Enfant Magnanime,
Au Temple se voue à souffrir,
La Mere, comme lui, Victime
Fait ses délices de l'offrir :
Si le Pontife lui découvre
Du Ciel les ordres rigoureux,
Son ame, d'elle-même, s'ouvre
Au glaive le plus douloureux.

De quelle profonde tristesse
Son Cœur, hélas ! est-il frappé,
Quand l'objet cher à sa tendresse
De ses regards s'est échappé :
Mais combien sa joie est extrême,
Quand on le découvre au saint lieu,
Développant la Loi suprême
Et de de son Pere, & de son Dieu.

Quelle force aida son courage,
Lorsqu'elle osa suivre les pas
De ce Fils qu'une aveugle rage
Traînoit au plus honteux trépas !
Auprès de cette Croix sanglante,
Où mouroit un Dieu rédempteur,
Qui retint son ame expirante ?
Ce fut l'Amour, ce fut son Cœur.

Vous, que son agonie attire,
Pour partager ses sentiments,
Voyez si le plus dur martyre,
Peut rassembler tant de tourments;
Voyez-le, ce Cœur intrépide,
Par la même main déchiré,
Qui retire un fer déicide,
Du Cœur de son Fils expiré.

Rassurez-vous, séchez vos larmes,
Témoins zélés de sa langueur !
Son Cœur, du sein de tant d'allarmes,
Passe dans des flots de douceur :
JESUS, seul maître de la vie,
JESUS impassible, immortel,
Domte la mort, se vivifie,
Et vole à l'empire éternel.

Bientôt de plus vives délices
Inonderont ce Cœur sacré,
Que les vertus & les supplices,
Au Roi des rois ont préparé :
C'est fait ; à la terre enlevée,
Par un effort de son amour,
L'humble MARIE est élevée
Au haut du sublime séjour.

Hâtez-vous d'offrir à son trône,
Saints Anges, vos tributs d'honneur;
Chantez, de Dieu qui la couronne,
Les Dons, la Gloire, la Splendeur!
Contemplez, révérez, en elle,
Louez toujours, aimez sans fin,
Ce Cœur formé sur le modèle
Du Cœur de votre Souverain.

Et nous, fils d'un pere coupable,
Par le Ciel condamnés aux pleurs,
Cherchons, dans ce Cœur secourable,
Un abri contre nos malheurs:
Jamais il n'est inaccessible
A nos besoins, à nos desirs;
Il est toujours ouvert, sensible
A nos revers, à nos soupirs.

Pécheurs, à cet aimable asyle,
Ne craignez point de recourir;
L'entrée en est sûre & facile
A la douleur, au repentir:
Vous trouverez, dans la puissance
Et dans l'amour de ce doux Cœur,
La plus infaillible assurance
De fléchir le Cœur du Seigneur.

O Cœur de la plus tendre Mere,
Cœur plein de grace & de bonté,
Vous, sur qui, dans notre misère,
Notre espoir a toujours compté !
Soyez, soyez notre refuge
Et notre appui, dans tous les temps,
Sur-tout, auprès de notre Juge,
Dans le dernier de nos instants.

✻

Par toi, l'Eglise raffermie, (*)
Reine des Cieux ! vit fuir l'essain
De tous ces Monstres d'hérésie
Qu'arma l'enfer contre son sein :
Ainsi, triomphante MARIE !
Ton bras, son plus ferme soutien,
Domtera la ligue ennemie
Du Cœur de ton Fils & du tien.

---

(*) Cunctas hæreses sola interemisti in universo Mundo. *Off. de l'Egl.*

CANTIQUE

## CANTIQUE III.

*Priere au sacré Cœur de MARIE.*

Même air que le précédent.

O Cœur sacré de la Reine des Anges,
Cher à Jesus, image de son Cœur !
Reçois l'encens de nos justes louanges;
Auprès de lui tu fis notre bonheur:
Le même amour vous unit l'un & l'autre ;
Engage-nous dans le même lien,
Cœur généreux ! & viens t'unir au nôtre,
Pour l'enflammer, & le conduire au sien.

[138]

# CANTIQUE IV.

*Les Douleurs de la sainte Vierge, auprès de Jesus mourant.*

**Lentement & tendrement.**

DE Jesus, la tendre Mere, Dans une tristesse amère, Se tenoit, près de sa Croix.

**Fauxbourdon.**

Dans son ame que de craintes, Que

Dans son ame que de craintes, Que

Dans son ame que de craintes, Que

Dans son ame que de craintes, Que

[139]

S. ij.

Elle voit son Fils unique,
En proie à la rage inique
Des bourreaux les plus cruels.

❀

Auprès d'elle, sous sa vue,
L'innocence est suspendue
Au gibet des criminels.

❀

Que de larges meurtrissures,
Que de profondes blessures
Jesus offre à ses regards !

❀

Quel spectacle déplorable
Lui peint sa chair adorable
Tombée en lambeaux épars !

❀

Elle entend des cris extrêmes,
Des outrages, des blasphêmes
Contre le Dieu de grandeur.

❀

Telle qu'une mer immense, (*)
Telle, & plus de sa souffrance
S'étendit la profondeur.

❀

Le cœur le plus insensible
Seroit-il inaccessible
Au cri de ses sentiments !

---

(*) Magna est velut mare Contritio tua. *Thr. Jerem.* 2.

Quels yeux peuvent sans allarmes,
Sans s'ouvrir en flots de larmes,
Voir l'excès de ses tourments !

❃

Hélas, dans sa soif pressante,
La haine à son Fils présente
Un breuvage plein de fiel !

❃

Hélas, dans son agonie,
Son Dieu, lui-même, l'oublie, (*)
Et, pour lui, rend sourd le Ciel.

❃

Mais quel trait pour son cœur tendre,
Quand Jesus lui fait entendre
Le dernier cri de sa voix !

❃

Quand, fermés presqu'à la vie,
Ses yeux sur ceux de Marie
Vont pour la derniere fois !

❃

Il meurt ; son flanc se découvre,
Elle y voit son Cœur qui s'ouvre
Au fer dont il est percé.

❃

Elle voit sa croix empreinte,
La terre, autour d'elle, teinte
Des flots de son Sang versé.

---

(*) Deus Deus meus, ut quid dereliquisti me. *Math.* 27.

C'est nous, race criminelle,
Peuple ingrat, peuple infidéle,
Qui faisons couler ses pleurs.

❊

Si mon Dieu s'est fait Hostie,
Si l'amour le sacrifie,
N'est-ce pas pour nous pécheurs ?

❊

Que, pour peine de nos crimes,
Nous-même, avec Lui, victimes,
Souffrions toutes ses douleurs.

❊

Vierge, pleine de tendresse !
O quand de votre tristesse
Sentirons-nous les rigueurs !

❊

Oui, c'est lui, qui, tendre Pere,
A nous vous donna pour Mere,
Avant d'expirer pour nous.

❊

Que, sous l'ombre de votre aîle,
Son Sang qui sur nous ruisselle
Du Ciel calme le courroux !

❊

Qu'il nous lave, qu'il efface,
Jusques à la moindre trace,
La noirceur de nos forfaits.

Que nos yeux en pleurs se fondent,
Qu'ils arrosent, qu'ils inondent
L'instrument de vos regrets !

Faites, Mere secourable !
Que je sois inconsolable
De la mort d'un Dieu Sauveur.

Imprimez de ses supplices
Les sanglantes cicatrices
Sur mon corps, & dans mon cœur.

Que l'amour, qui vous enflamme,
Porte, allume dans mon ame
Tous les feux de son ardeur !

Par vous, qu'au jour de vengeance,
Je ne trouve que clémence
Dans Jesus, mon Redempteur !

O Croix ! sois tout mon partage,
Mon trésor, mon héritage,
Jusqu'à mon dernier soupir.

Dans tes bras que je m'attache
Et que rien ne m'en arrache,
Pour que je puisse y mourir !

[144]
Mere, aimable, en qui j'espère !
Sauvez-moi, par le Mystère
De la Croix de votre Fils.

Qu'à mon terme, je l'embrasse ;
Qu'elle assure, avec ma grace,
Mon bonheur, mon Paradis.

# CANTIQUE V.

*Pour la Fête de Sainte CECILE, Vierge & Martyre, Patrone des Muſiciens.*

De CECILE hono-rons la Fê-te & la mé-moi-re : Suivons les doux tranſ-ports qu'inſ-pire un ſi ſaint jour : Sui-vons les doux tranſports qu'inſ-pire un ſi ſaint jour. *Fin.* Enſemble & tour-à-tour, Cé-lébrons l'é-clat de ſa gloi-re. De CECILE, &c. Nos voix, les

*I. Partie. ( bis.*

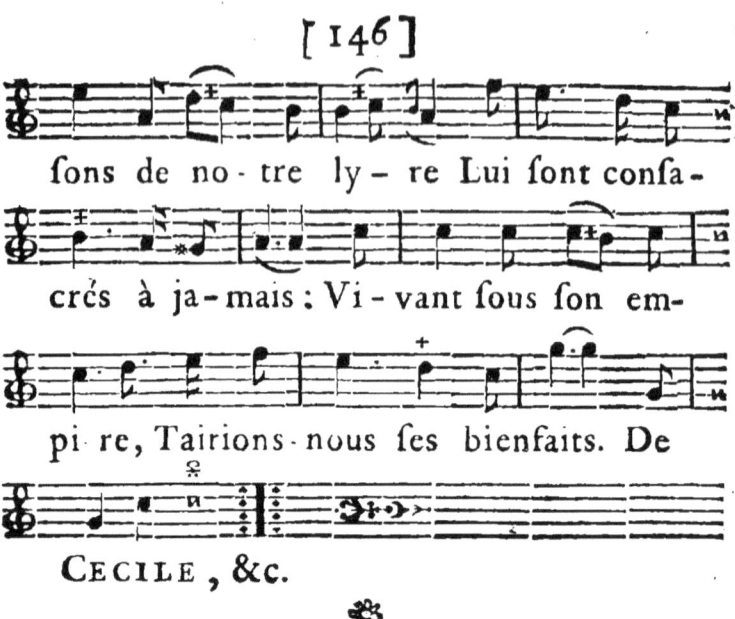

fons de no-tre ly-re Lui font confa-crés à ja-mais : Vi-vant fous fon em-pi-re, Tairions-nous fes bienfaits. De

CECILE, &c.

❊

De nous & de nos chants, augufte Protectrice,
Elle offre, & notre encens & nos vœux à l'Autel:
Elle offre, &c.

    Par elle l'Immortel
  Daigne à nous fe rendre propice.
De nous, &c.

  Heureux ceux dont la confiance
  Souvent implora fon fecours !
    Elle fut l'efpérance
    Et l'appui de leurs jours.
De nous, &c.

❊

Du monde féducteur elle fuit les délices,
Et méprifa les biens, la gloire & le bonheur,
Et méprifa les biens, &c.

A Dieu seul, de son cœur
Elle sçut donner les prémices.
Du monde séducteur, &c.

Toujours, de la pudeur aimable
Elle eut la céleste blancheur,
Et nul souffle coupable
N'y porta sa noirceur.
Du monde séducteur, &c.

❊

CECILE, d'un Époux gagnant la confiance,
Ne ternit point l'éclat de sa virginité :
Ne ternit point l'éclat, &c.

Le vœu de pureté
Fut le sceau de leur alliance.
CECILE, d'un Epoux, &c.

La foi, l'amour & l'espérance,
La paix, & ses pures douceurs,
La plus sainte innocence
Unissoit leurs deux cœurs.
CECILE d'un Epoux, &c.

❊

L'esprit de charité crût avec son enfance ;
Du zèle le plus vif son cœur fut transporté ;
Du zèle le plus vif, &c.

Sa libéralité
Fut l'appui de l'humble indigence.
L'esprit de charité, &c.

T ij

A sa voix, un Peuple infidèle
Ouvrit, & l'esprit & les yeux,
Et s'engagea, comme elle,
Dans la route des Cieux.
L'esprit de charité, &c.

CECILE à tout souffrir, pour la Foi toujours
prête ;
Brava d'un fier Tyran le courroux menaçant ;
Brava d'un fier Tyran, &c.

Au glaive étincellant,
Intrépide, elle offre sa tête.
CECILE à tout souffrir, &c.

En vain une fureur constante
Sur elle épuisa son effort ;
Victime triomphante,
Elle domte la mort.
CECILE à tout souffrir, &c.

A sa vertu puissante adressons notre hommage,
Que son saint Nom sans cesse éclate parmi nous !
Que son saint Nom, &c.

Que les chants les plus doux,
De nos cœurs soient le vrai langage.
A sa vertu puissante, &c.

Qu'à son exemple, notre vie,
Que tous les accords, les accens,
De notre mélodie,
Soient toujours innocens.
A sa vertu puissante, &c.

✽

O Vierge bienheureuse ! ô célebre Martyre !
Des graces du Seigneur fixez sur nous le cours ;
Des graces du Seigneur, &c.

Que, par votre secours,
Les Enfers ne puissent nous nuire !
O Vierge bienheureuse, &c.

Qu'à l'ombre d'un Nom si propice,
Marchant sur vos pas glorieux,
L'amour saint nous unisse,
Pour toujours, dans les Cieux !
O Vierge bienheureuse, &c.

# CANTIQUE VI.

*A l'honneur de sainte Therese.*

Gaiement.

Puissances du cé-leste Empire,

Chœurs enflam-més des Chéru-bins,

Échauffez les sons de ma ly-re Du

feu de vos transports divins, THERESE est

l'objet de mon zè-le ; Elle eût votre a-

mour vos ar-deurs ; Prêtez-moi des chants

dignes d'elle, Et des ex-tases de vos cœurs.

THERESE est, à peine, à cet âge
Où la raison montre ses traits,
Que déja son premier courage
Enfante les plus hauts projets ;
Déja, pour le Dieu qu'elle adore,
Pour la Foi brûlant de souffrir,
Elle court aux plages du Maure,
Chercher la gloire d'y mourir.

Arrête, Victime innocente!
Non, ton sang ne doit point couler;
Le Ciel, qui voit tout, se contente
Du seul desir de t'immoler :
Mais la palme où ton ame aspire
Ne fuira point à tes efforts ;
Ton Dieu, dans un plus long martyre
Doit t'offrir mille & mille morts.

Qu'un cœur dont l'Esprit Saint s'empare
Devient pur, flexible, agissant !
Lui-même à ses desseins prépare
Celui de l'Angélique Enfant ;
Docile à sa voix qui la guide,
Elle avance de jour en jour,
Elle va, d'une aîle rapide,
Dans les sentiers de son amour.

O Ciel, quel finiftre nuage
Vient couvrir des jours fi fereins !
O temps critique du jeune âge !
O foibleffe des cœurs humains !
Le Monde à fes yeux fe préfente,
Portant la coupe du plaifir,
Et fon ame peu vigilante,
Eft près de s'y laiffer ouvrir.

Mais, non, jaloux de fon ouvrage
Le Seigneur fe fait fon appui,
Et ne fouffre point de partage
Dans un cœur qu'il veut tout pour lui ;
Elle rougit d'être coupable,
Et ce fouvenir, déformais,
Sera la fource intariffable
De fes pleurs & de fes regrets.

Reine des Vierges, Mere tendre !
Ce fut à toi qu'elle eût recours ;
Ta clémence daigna l'entendre,
Et lui prêter un prompt fecours ;
THERESE, à l'ombre de ton aîle,
Se transforme, & devient foudain
Et ta fille la plus fidelle,
Et le chef-d'œuvre de ta main.

Ouvre

Ouvre à ſes pas ton ſein tranquille;
Lieu ſacré, Mont chéri du Ciel,
Des vertus, reſpectable aſyle,
Colline auguſte du Carmel!
Avec elle, croîtra ta gloire,
Et bientôt ſon nom, ſa grandeur
Eterniſeront ta mémoire,
Ta renaiſſance & ta ſplendeur.

Dans ce ſéjour impénétrable
Aux charmes des folles douceurs,
Son courage eſt inſatiable
De mépris, de croix, de rigueurs;
Ses forces en ſont preſque éteintes,
La nature craint de périr;
Ecoutera-t-elle ſes plaintes?
Non, non; OU SOUFFRIR OU MOURIR.

Oui, la ſainte ſoif qui l'altère
Aura de quoi nourrir ſes feux,
Le Ciel aime à la ſatisfaire
Par des dons dignes de ſes vœux;
Victime, ſans ceſſe nouvelle,
Son cœur, ſon ame, ſon eſprit,
Tout eſt Martyr, tout ſouffre en elle,
Tout y meurt, l'amour ſeul y vit.

I. *Partie.* ( *bis.* )   V

Elle prie, & la fécheresse,
L'abbattement, l'obscurité,
L'ennui, la langueur, la tristesse
Inondent son cœur agité ;
A-t-elle part au don sublime
De quiétude & d'union ?
Tout lui paroît écueil, abîme,
Erreur, écart, illusion.

Hélas ! ses extases profondes,
Ses transports, ses ravissements
Lui sont d'autres sources fécondes
Et de frayeurs, & de tourments ;
Elle erre, incertaine & timide,
Parmi ces flots, & ces combats,
Sans trouver, sur sa route, un guide
Qui sçache rassurer ses pas.

Heureux, dans ces peines cruelles,
Ceux qui, sans perdre leur ferveur,
Pleins d'espoir, & toujours fideles
Attendent l'heure du Seigneur !
Il vient au secours de THERESE ;
Et déja, plus pure, à ses yeux
Que l'or qu'éprouva la fournaise,
Elle ne vit que dans les Cieux.

Alors, de quelles vives flammes
Sent-elle renaître l'ardeur ?
Le zèle du salut des ames
En fixe, en nourrit la chaleur ;
Elle voudroit que, de l'aurore
Jusqu'aux bords où s'éteint le jour,
Tout prit le feu, qui la dévore,
Tout s'enflammât du pur amour.

Non, la retraite solitaire,
Qui cache ses Sœurs aux mondains,
N'aura plus rien d'assez austère,
Pour remplir ses nouveaux desseins ;
Pleines du double esprit d'Elie,
Il leur faut un céleste lieu,
Où mourant, à tout on s'oublie
Pour ne plus être qu'à son Dieu.

Bientôt, malgré la trame inique
Des satellites des démons,
Le Carmel, sur son front antique,
Voit croître le plus beau des Monts ;
THERESE en ouvre la culture,
Et sa riche fertilité
Des fruits qu'il rend avec usure
Porte au loin la suavité.

*Decor Carmeli.*
If. 35.

On vit, de ses naissantes Filles,
Un rapide & nombreux essaim,
S'unir, se répandre en familles
Qu'elle sçût former de sa main;
Dispersé sur la terre entiere,
Il la remplit de plus en plus,
Et de la gloire de leur mere,
Et des parfums de leur vertus.

Suivi d'une tribu d'élite,
Le Séraphin JEAN-DE-LA-CROIX,
Accourt se ranger à sa suite
Pour n'écouter plus que sa voix;
Les saints Autels, sous ses auspices,
Sont par-tout entourés de chœurs
De ferventes adoratrices,
Et de zélés adorateurs.

Un jour, ce peuple toujours juste
Verra, jusqu'aux filles des Rois,
Venir courber leur front auguste
Sous le joug aimé de ses loix;
Possédant l'ame plus contente,
Au sein de l'humble pauvreté,
Que sous la pompe éblouissante
Dont se para la royauté.

Que la mort est digne d'envie,
Et qu'heureux fut le dernier jour,
Pour qui vit s'écouler sa vie,
Dans les croix, les travaux, l'amour!
THERESE meurt calme, & soumise
Dans le souvenir cher & doux,
De mourir FILLE DE L'ÉGLISE, (*)
Et d'avoir aimé son Epoux.

❦

Consolez-vous: elle vous laisse
Ses profonds, ses divins écrits,
Vierges du Carmel, où, sans cesse,
Vous pourrez nourrir vos esprits;
Vous l'y retrouverez toute elle,
Et sa belle ame, & son grand cœur,
Avec le guide, le modèle,
Le foyer de votre ferveur.

---

(*) Sainte Therese, avant de mourir, disoit avec consolation, qu'elle mourroit *Fille de l'Eglise*, & qu'elle ne craignoit point de tomber entre les mains d'un Juge qu'elle avoit aimé.

## CANTIQUE VII.

*A l'honneur de Sainte Jeanne-Françoise Frémiot de Chantal.* (\*)

Air noté, ci-dessus, page 145.

Au grand Nom de CHANTAL honneur,
 respect, louanges !
Portons nos vœux, nos dons, nos cœurs à
 son Autel,
Portons nos vœux, &c.

    Dans l'empire immortel
  Elle regne au Trône des Anges.
Au grand, &c.

  Autour de son auguste image
  Brûlons, de concert, notre encens,
    Et rendons-lui l'hommage
    Que lui doivent nos chants.
Au grand, &c.

Que des Hérauts sacrés la voix sublime & sainte
Exalte de ses jours les fastes éternels,
Exalte de ses, &c.

---

\* Ce Cantique a été fait à l'occasion de la fête de sa Canonisation.

Qu'en foule, les Mortels
De son Temple inondent l'enceinte.
Que des Hérauts, &c.

Que l'art, le goût, l'ordre y ramasse
Les traits d'une riche splendeur;
Que tout nous y retrace
Sa céleste grandeur.
Que des Hérauts, &c.

La foi, la pure foi, fît luire à son enfance
De ses divins rayons les feux étincelants.
De ses divins, &c.

Dès ses premiers instants,
Elle s'arme pour sa défense.
La foi, la pure, &c.

Si l'audace incrédule outrage
La Table du Corps du Sauveur,
Son jeune & vif courage
Sçait confondre l'erreur.
La foi, la pure, &c.

A son Dieu de ses vœux JEANNE offre ses
    prémices;
Et ses desirs naissants se portent vers les Cieux.
Et ses desirs, &c.

Le monde eut, pour ses yeux,
Des horreurs, & non des délices.
A son Dieu, &c.

De son âge elle est le modèle,
La fleur, l'ornement, le secours :
Et les vertus, en elle,
Croissent plus que les jours.
A son Dieu, &c.

Mille & mille ennemis attaquent sa jeunesse :
Mais contre ses efforts que peuvent tous leurs traits ?
Mais contre, &c.

Jamais son cœur, jamais
Eût-il un moment de foiblesse ?
Mille & mille ennemis, &c.

En vain l'art d'un démon perfide
Prépare un poison à ses mœurs :
L'esprit pur, qui la guide,
Craint & fuit ses douceurs.
Mille & mille ennemis, &c.

Du saint nœud conjugal l'ordre du Ciel la lie,
Et de la femme forte, on voit fleurir les tems.
Et de la femme, &c.

*Elles*,

Elle en a les talents,
La vertu, les soins, l'industrie.
Du saint nœud, &c.

Epouse aussi tendre que chère,
Elle aime, dans Dieu, son époux,
Et se fait de lui plaire.
Un devoir saint & doux.
Du saint nœud, &c.

❁

Faut-il qu'à la douleur son ame soit ouverte;
Elle vole au-devant de son calice amer :
Elle vole, &c.

De l'objet le plus cher
Soumise, elle pleure la perte.
Faut-il qu'à, &c.

Que le dédain, l'aigreur, la rage
Epuisent sur elle leurs traits ;
Elle oppose à l'outrage
L'amour, les dons, la paix.
Faut-il qu'à, &c.

❁

Les modestes vertus, les œuvres bienfaisantes
Remplirent tous les jours de sa viduité :
Remplirent, &c.

L'esprit d'humilité
Régla ses démarches décentes.
Les modestes, &c.

I. Partie. (bis.)     X

[162]
Frêles atours de son bel âge!
Objets d'un mépris éternel,
Vous fûtes le partage
Du pauvre & de l'Autel.
Les modestes, &c.

A des enfants chéris, pieuse & tendre mère,
Elle aime à prodiguer les veilles & les soins.
Elle aime, &c.

Jamais de leurs besoins
Un instant ne peut la distraire.
A des enfants, &c.

Mais le desir qui seul l'enflamme,
L'objet que poursuit son ardeur,
Est de plier leur ame
Sous le joug du Seigneur.
A des enfants, &c.

Elle est des malheureux l'asyle & l'espérance
Et tout recueille, au loin, les fruits de ses bienfaits.
Et tout recueille, &c.

Elle parle, & la paix
Rentre aux cœurs qu'aigrit la vengeance.
Elle est des, &c.

Ses mains de l'Orphelin timide
Arrêtent les cris & les pleurs,

[163]
. Du Malade livide
Vont guérir les douleurs.
Elle eſt des, &c.

Au faîte des Vertus ſon courage s'élance,
Et ſes tranſports divins croiſſent de jour en jour;
Et ſes tranſports, &c.

Du plus parfait amour
Elle voue à Dieu la conſtance.
Au faîte, &c.

De Jeſus amante & victime,
Elle arme, contre elle, ſa main;
Et, d'un feu vif, imprime
Son ſaint Nom ſur ſon ſein.
Au faîte, &c.

Du plus doux des Paſteurs, du plus aimable Guide,
Fidéle, humble & docile, elle écoute la voix.
Fidéle humble, &c.

Son ame, ſous ſes loix,
Prit un vol plus ſûr, plus rapide.
Du plus doux, &c.

Image d'un ſi beau modèle,
Elle eut ſon eſprit, ſa candeur,
Sa piété, ſon zèle,
Sa force & ſa douceur.
Du plus doux, &c.   X ij

Un asyle sacré s'ouvre à la pénitence :
La voix des Cieux l'appelle, elle court dans son sein :
La voix des Cieux, &c.

 De son pieux dessein
 Rien ne fléchira la constance.
Un asyle, &c.

 En vain un fils inconsolable
 Lui fait de son corps un rempart :
  Héroïne indomptable,
  Elle le foule & part.
Un asyle, &c.

✢

Bientôt les soins communs de FRANÇOISE
 & de SALES
D'un céleste édifice élévent la beauté :
D'un céleste, &c.

 L'amour, la charité
 Sont ses pierres fondamentales.
Bientôt les soins, &c.

 Déja sa structure croissante
 Annonce de loin sa grandeur :
  Sion plus florissante
  Brille de sa splendeur.
Bientôt les soins, &c.

D'une Tribu, CHANTAL, sera la mère, l'ame,
L'exemple, le soutien, les délices, l'honneur :
L'exemple, &c.

  Par-tout, de cœur en cœur,
  Son zèle & s'étend & s'enflamme.
D'une Tribu, &c.

  Tout devient, sous sa vigilance,
  Ardeur, dénûment, piété,
   Douceur, paix, confiance,
   Union, sainteté.
D'une Tribu, &c.

❊

Croissez, étendez-vous, Race, en vertus féconde!
O Filles dignes d'elle, objets de sa faveur !
O filles, &c.

  Du feu de sa ferveur
  Embrasez l'enceinte du monde.
Croissez, étendez, &c.

  Que mille essaims de Vierges sages,
  Dociles à suivre sa voix,
   Portent aux derniers âges,
   Et sa gloire & ses loix.
Croissez, étendez, &c.

❊

Heureux, en son secours, qui mit son espérance,
Et qui, dans ses besoins, s'incline à son Autel !
Et qui, dans ses, &c.

Sur elle l'Immortel
Déploya sa magnificence.
Heureux en son, &c.

Une vertu toute puissante,
Un cours de merveilles nouveau,
Une gloire éclatante
Sortent de son tombeau.
Heureux en son, &c.

# CANTIQUE VIII.

*Priere à Saint Jean de la Croix.*

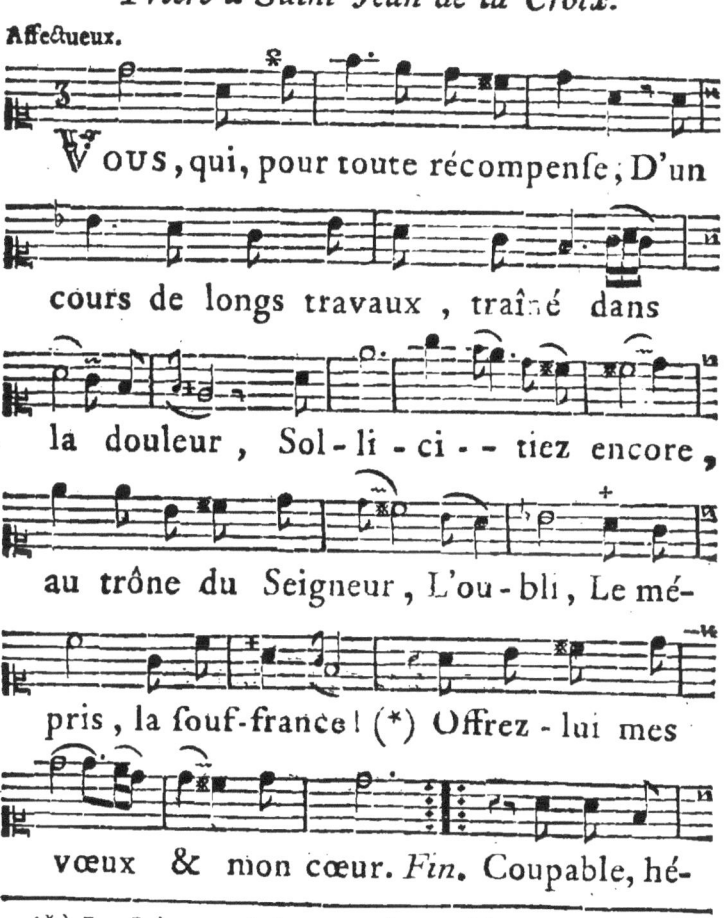

Vous, qui, pour toute récompense, D'un cours de longs travaux, traîné dans la douleur, Sollicitiez encore, au trône du Seigneur, L'oubli, Le mépris, la souf-france! (*) Offrez-lui mes vœux & mon cœur. *Fin.* Coupable, hé-

---

(*) Le Seigneur lui ayant demandé ce qu'il vouloit pour prix de ses travaux & de ses souffrances, le Saint lui répondit : *Seigneur, souffrir & être méprisé pour vous ; Domine, pati, & contemni pro te.* Légende de son Office.

[168]

las! dès mon en-fance, Je n'ai-mai que l'é-clat, la gloi-re & le plai-sir! Ob-te--nez-moi, grand Saint! de sa clé-men-ce, Que je sçache ê-tre hum-ble & souf-frir. Vous, qui, pour, &c.

CANTIQUE

# CANTIQUE IX.

*Sur ces paroles de sainte Marie-Magdeleine de Pazzi : Souffrir & ne pas mourir :*
*Pati non mori.*

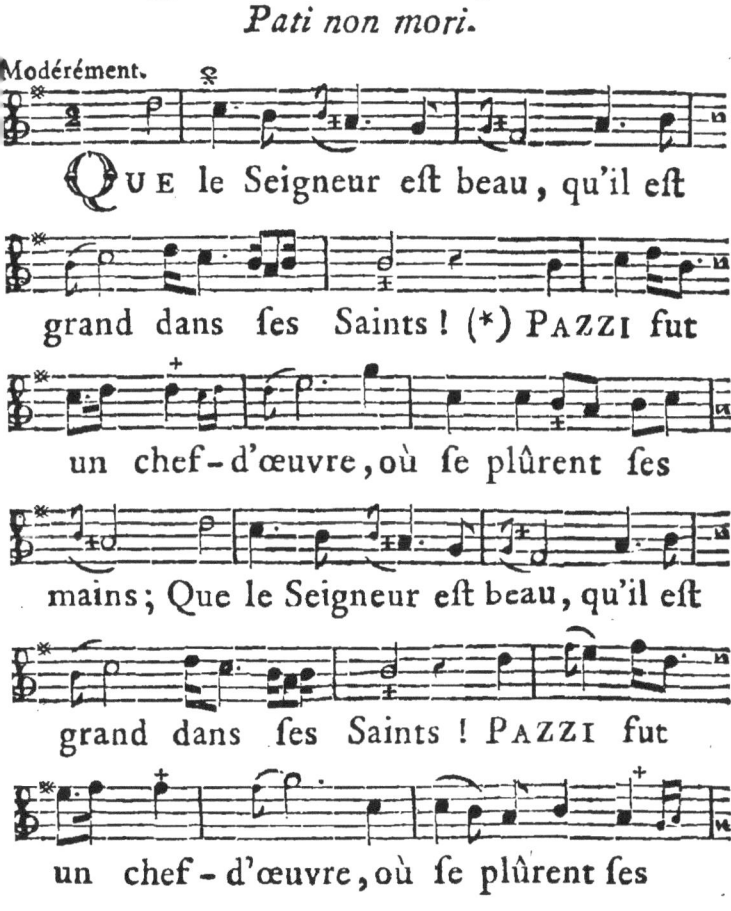

Que le Seigneur est beau, qu'il est

grand dans ses Saints ! (*) PAZZI fut

un chef-d'œuvre, où se plûrent ses

mains ; Que le Seigneur est beau, qu'il est

grand dans ses Saints ! PAZZI fut

un chef-d'œuvre, où se plûrent ses

(*) Mirabilis Deus in Sanctis suis. *Ps.* 67.

*I. Partie.* ( *bis.* )

[170]

mains. *Fin.* Souffrir, gé-mir, n'aimer la vi-e, Que pour pouvoir de pleurs en ar-ro-fer le cours, Et craindre la mort, par en-vi-e De mou-rir plus long-temps, & de mourir tou-jours; Tel-le est cette Vierge hé-ro-ine; La Croix, pour elle, a plus d'ap-pas, Que les dou-ceurs d'un faint tré-pas, Que la gloi-re où Dieu la defti-

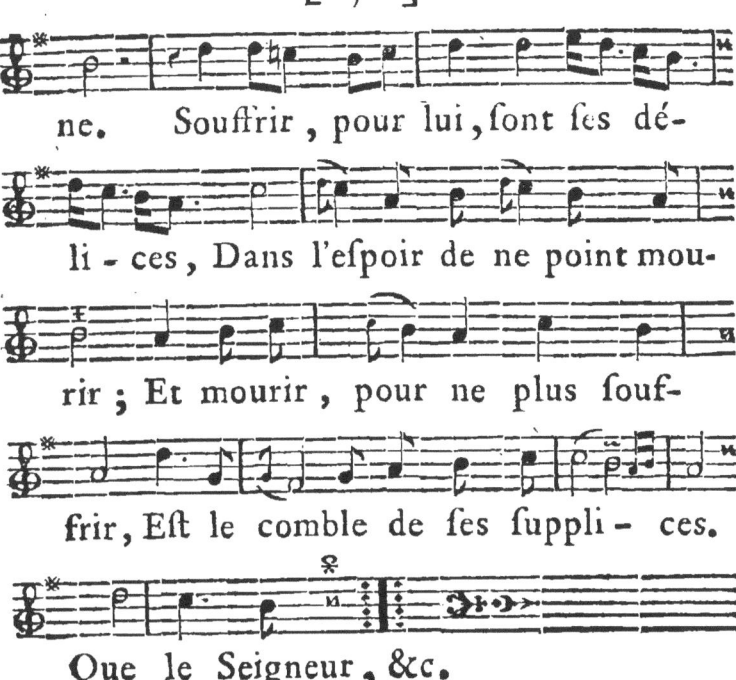

ne. Souffrir, pour lui, font ses dé-
li - ces, Dans l'espoir de ne point mourir; Et mourir, pour ne plus souffrir, Est le comble de ses suppli - ces.

Que le Seigneur, &c.

[172]

# CANTIQUE X.

*Sur la grandeur de Dieu.* (*)

**Voix seule. Lentement.**

Honneur, hommage Au seul au vrai Dieu,

Sans cesse, d'âge en âge, Au Ciel en tout lieu !

**Chœur. Lentement & gravement.**

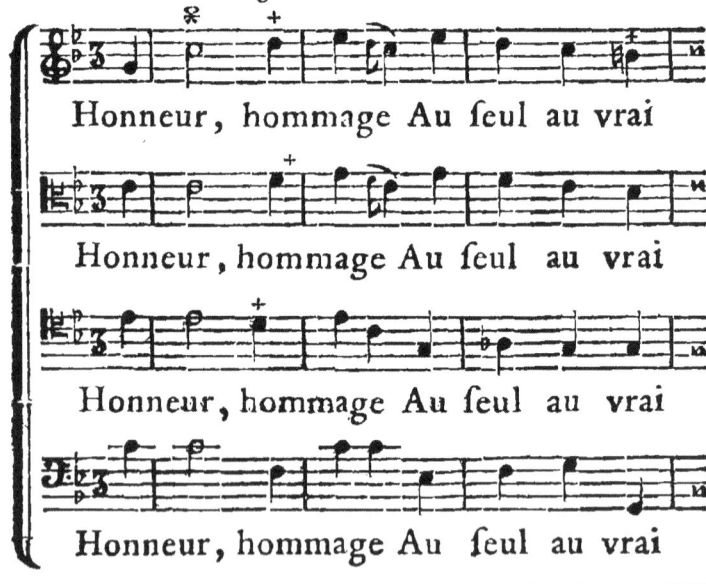

Honneur, hommage Au seul au vrai

Honneur, hommage Au seul au vrai

Honneur, hommage Au seul au vrai

Honneur, hommage Au seul au vrai

(*) Cet Air est le même que celui du Cantique XIV, premiere Partie, *page* 162.

[173]

Dieu, Sans ceſ-ſe, d'âge en â-ge, Au

Dieu, Sans ceſ-ſe, d'âge en â-ge, Au

Dieu, Sans ceſ-ſe, d'âge en â-ge, Au

Dieu, Sans ceſ-ſe, d'âge en â-ge, Au

Ciel, en tout lieu!

Ciel, en tout lieu!

Ciel, en tout lieu.

Ciel, en tout lieu.

**Voix seule. Lentement.**

Près de sa puis-sance Rien n'est grand, Tout en sa pré-sen-ce Est néant. Honneur, &c.

**Seul.**

De la terre en-tie-re, Tous les Dieux sont cendre & pous-sie-re, A ses yeux. Honneur, &c.

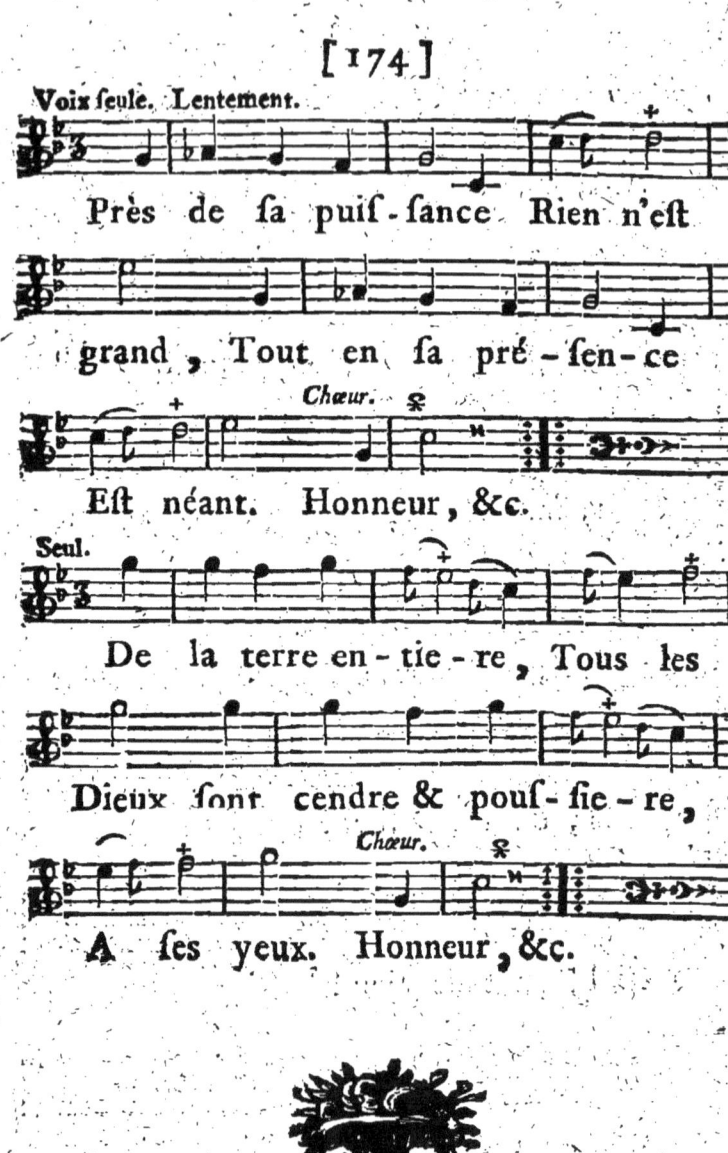

# CANTIQUE XI.

*Les Justes Fervents.*

(\*) Qui sperant in Domino assument pennas, ut aquilæ, current & non deficient. *Is.* 40.

[177]

la ver - tu.  Les Juſtes, d'une aî-

la ver - tu.

le lé - gé - - - - - - - -

Les Juſtes, d'une aîle lé - gé - -

- - - - - re ,

- - - - - re , Cou - - rent ,

vo - - lent, Cou - rent ,   vo-

Cou - - rent ,

I. Partie. (bis.)                    Z

[179]

[180]

[182]

gneur La foi les meut, l'espoir les

gneur La foi les meut, l'espoir les

guide : Mais l'amour nour-rit leur ar-

guide : Mais l'amour nour-rit leur ar-

deur : Mais l'amour nourrit leur ar-

deur : Mais l'amour nourrit leur ar-

deur. Les Justes, &c.

deur. Les Justes, &c.

# CANTIQUE XII.

*Parallele du Fervent avec le Tiede.*

Même air que le précédent.

TELLE qu'une aigle paſſagere
Plane, vole, fuit dans les airs :
Tel le Fervent court la carriere
Des loix, des préceptes divers. (*)
Le Tiede, à qui tout effort coûte,
Ne s'y traîne qu'avec lenteur,
Après quelques pas dans la route,
Il tombe, hélas ! ſous ſa langueur.

---

(*) Viam mandatorum tuorum cucurri. *Pſ.* 118.

[184]

# CANTIQUE XIII.

*Désir de recouvrer le bonheur de l'innocence.*

**Léger & gracieux.**

Aimable inno-cence ! Viens, ren-

Aimable inno-cence ! Viens, ren-

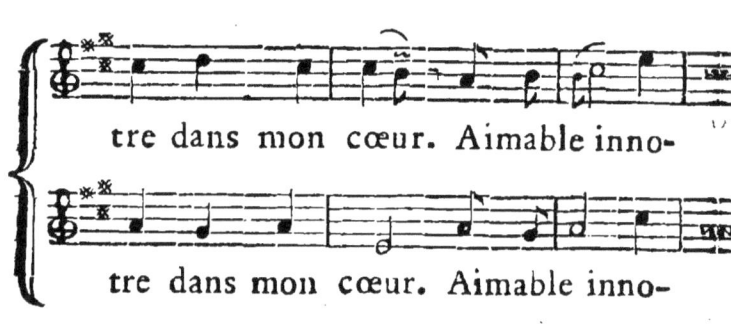

tre dans mon cœur. Aimable inno-

tre dans mon cœur. Aimable inno-

cence ! Viens, rentre dans mon cœur.

cence ! Viens, rentre dans mon cœur.

Viens 2

[185]

Viens, ra-mene a-vec ta pré-

Viens, ra-mene a-vec ta pré-

-sence, Les plus beaux jours de

-sence, Les plus beaux jours de

mon bon-heur: Viens, ramene a-

mon bon-heur: Viens, ramene a-

-vec ta pré-sen-ce, Les plus

-vec ta pré-sen-ce, Les plus

I. Partie. (bis)  Aa

[186]

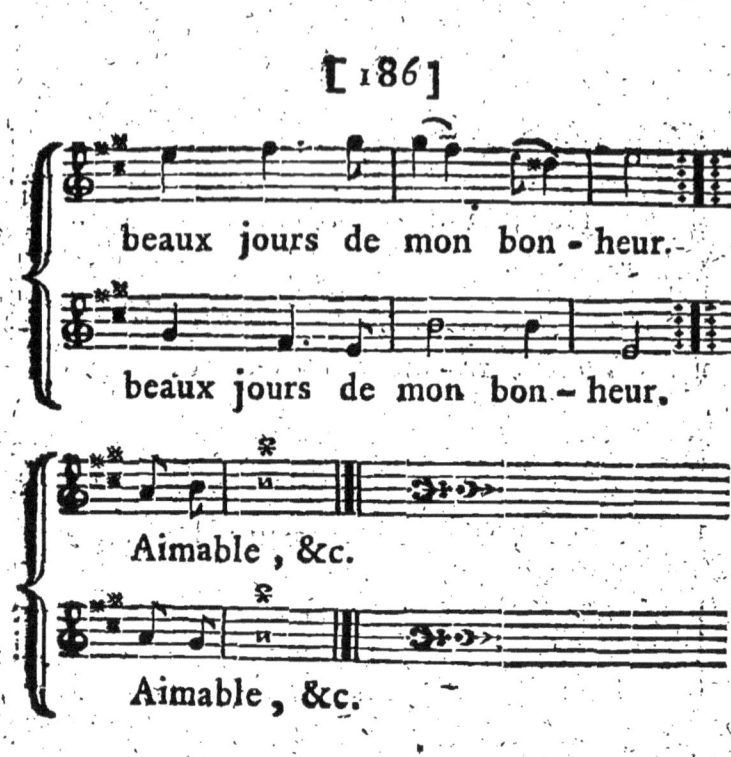

beaux jours de mon bon-heur.

beaux jours de mon bon-heur.

Aimable, &c.

Aimable, &c.

[187]

# CANTIQUE XIV.

*Le prix des larmes de la pénitence.*

Duo. Lentement & Gracieusement.

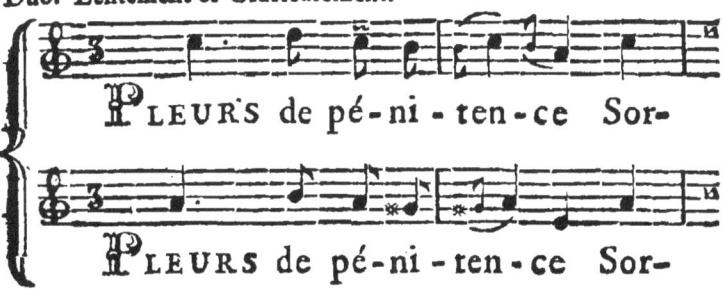

Pleurs de pé-ni-ten-ce Sor-
Pleurs de pé-ni-ten-ce Sor-

tez de mes yeux ; La-vez mon of-
tez de mes yeux ; La-vez mon of-

fence, Cal-mez-moi les Cieux : La-
fence, Cal-mez-moi les Cieux : La-

A a ij

De notre tristesse
Vous charmez les jours;
De notre alegresse
Vous rouvrez le cours.

De la paix tranquille,
Par vous, les faveurs
Fixent leur afyle
Au fond de nos cœurs.

Larmes falutaires !
Soyez mon fecours,
Coulez plus amères,
Et coulez toujours.
Les charmes du monde
Sont-ils, comme vous,
La fource féconde
D'un bonheur fi doux !

# POÉSIES
## *LYRIQUES,*
## SUR LA NATIVITÉ
## DE NOTRE-SEIGNEUR
## JESUS-CHRIST.

## CANTATE.

*Les Bergers appellés à la Naissance du Sauveur du monde.* (*)

Fiérement.

LE grand jour de la terre est enfin arrivé ; L'Univers est sauvé : Le grand

(*) Le fond de cette Cantate est tiré du chapitre second de l'Evangile selon Saint Luc.

[192]

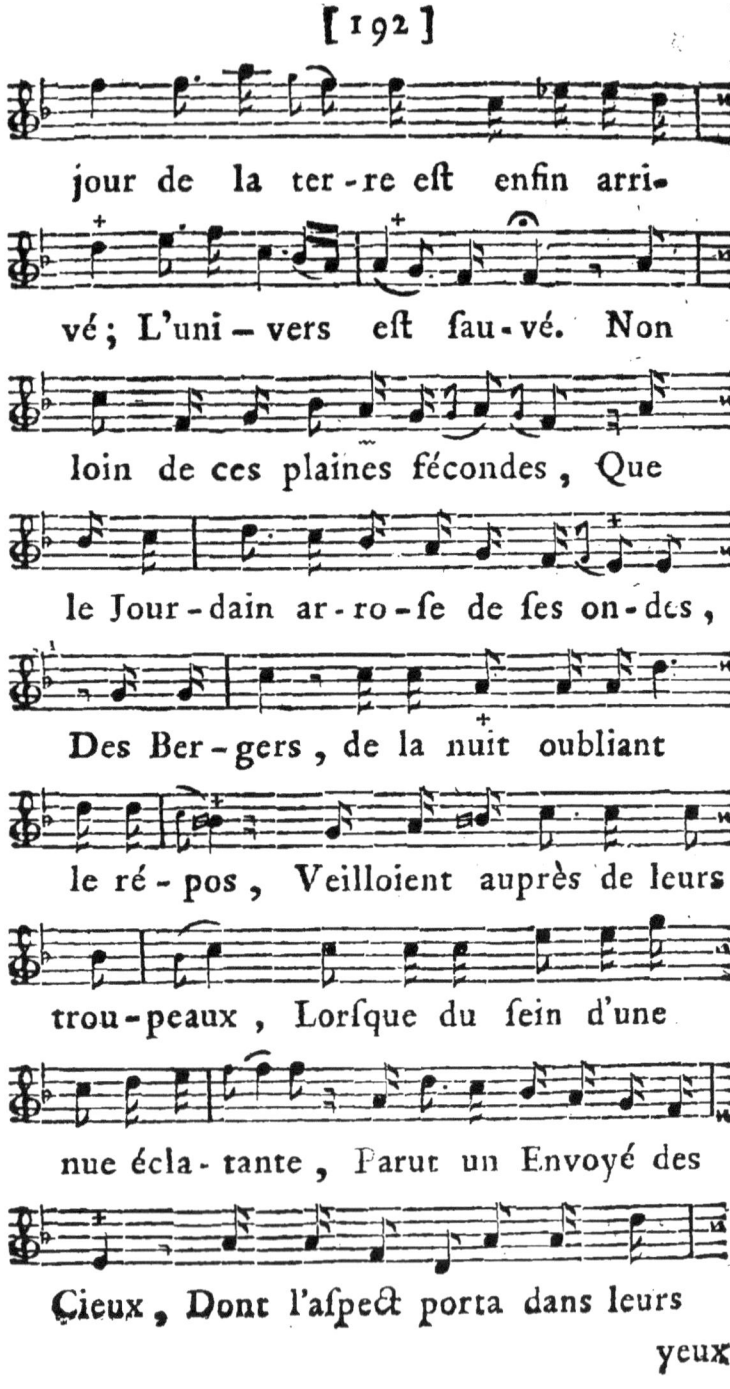

jour de la ter-re est enfin arri-vé; L'uni-vers est sau-vé. Non loin de ces plaines fécondes, Que le Jour-dain ar-ro-se de ses on-des, Des Ber-gers, de la nuit oubliant le ré-pos, Veilloient auprès de leurs trou-peaux, Lorsque du sein d'une nue écla-tante, Parut un Envoyé des Cieux, Dont l'aspect porta dans leurs yeux

[193]

yeux Une lumiè-re éblouif-fan-te.

D'une crainte foudaine ils fe fentent

furpris ; Mais l'Ange du Très-Haut

*Air gracieux & louré.*

raf--fure leurs ef--prits. Calmez vos

frayeurs, Timi-des Paf-teurs : Je viens,

dans vos cœurs, Por-ter l'a-le-greffe ;

A tous vos malheurs Le Ciel s'inté-

reffe : Calmez vos frayeurs, Timides

paf-teurs : Je viens, dans vos cœurs,

I. Partie. (bis.)　　　B b

[194]

Por-ter l'ale-greffe ; A tous vos malheurs Le Ciel s'inté-ref-se : Calmez vos frayeurs, Timides paf--teurs :

Récitatif.
Le grand jour de la terre est enfin
arri-vé : L'Univers est sau-vé : Le
grand jour de la terre est enfin arri-
vé : L'U-ni-vers est sau--vé.

Un peu léger & louré.
Pour vous un Dieu vient de naî-tre:
Pour vous, Pour vous un Dieu vient de

naî-tre : Son pro-fond abbaiſ-ſe-ment, L'ex-cès de ſon dénuement, Vous le fe-ront recon-noî- - -tre : Pour vous Un Dieu vient de naî-tre : Pour vous, Pour vous un Dieu vient de naî- - - -tre. *Léger.* Son pa-lais eſt un Hameau ; Une Crêche eſt ſon Ber-ceau ; Et les langes de l'En- -fance Cachent ſa di-vi-ne Eſ-ſen - -ce.

[196]

Son pa-lais est un Hameau, Une Crêche est son Ber-ceau; Et les langes de l'En-fance Cachent sa di-vine es-sen-ce : Et les langes de l'En-fance Cachent sa di-vi-ne es-sen-ce.

Récitatif.

Il dit, & soudain dans les airs, De cé-lestes es-prits, Un essaim in-nombra-ble, Cé-lé-bre le Nom ado-ra-ble Du Dieu Sau-veur de l'Uni-

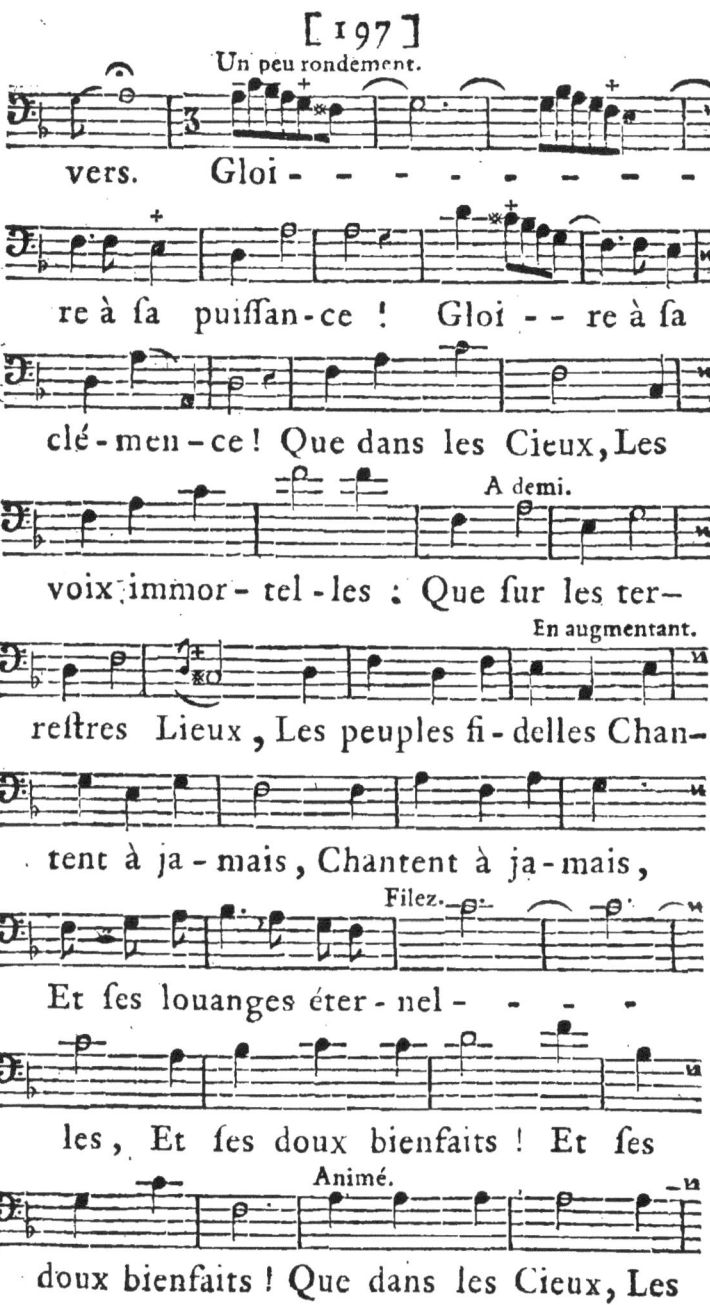

[198]

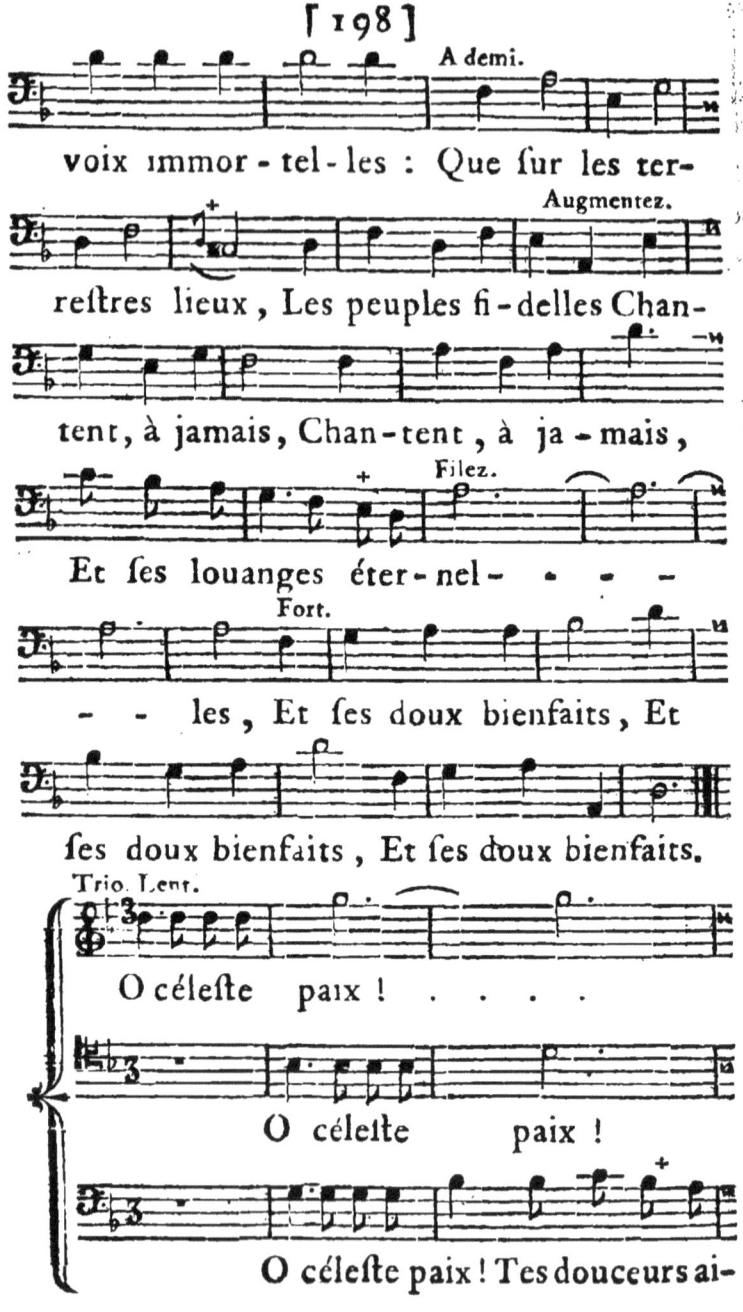

[199]

[201]

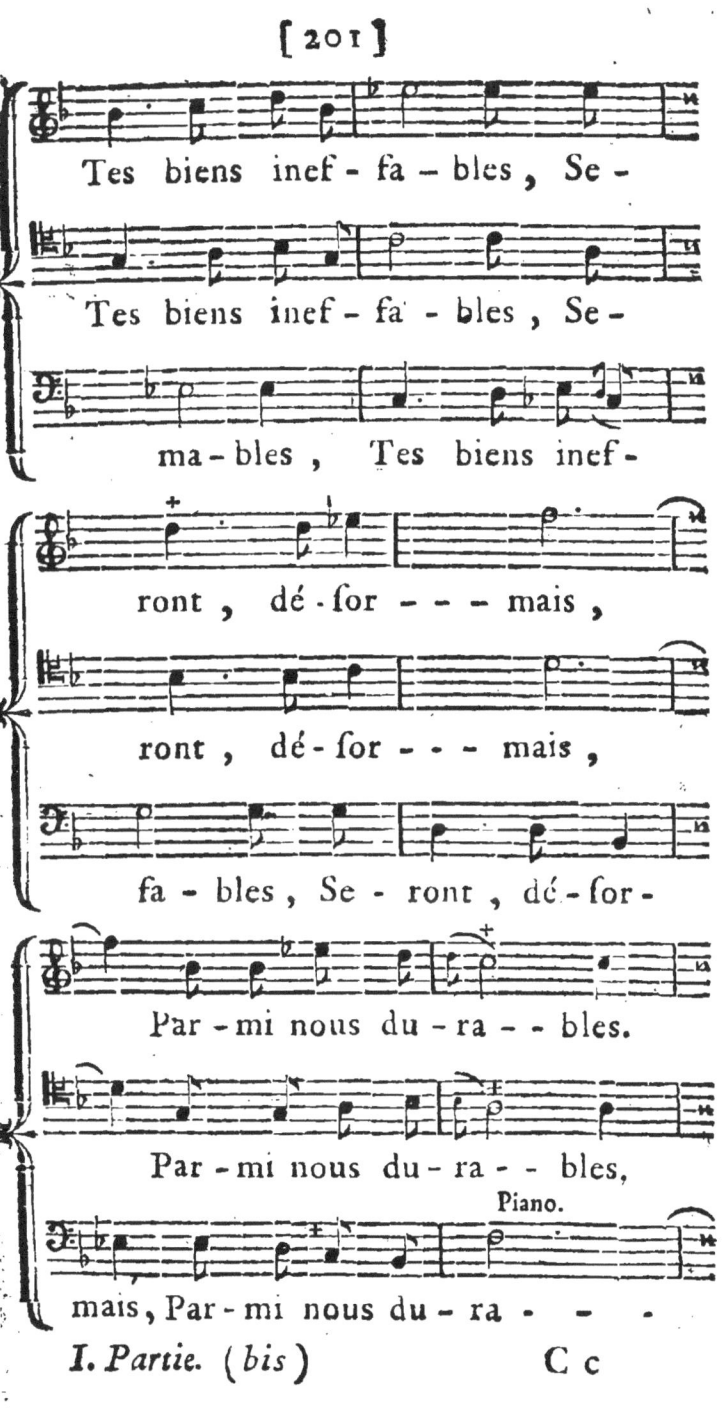

I. Partie. (bis)         C c

[202]

[206]

[207]

fables, Seront, désor-mais,

*Crescen.*
mais, Seront, désor-mais,

ront, désor-mais,

Par-mi nous du-ra-bles.

Par-mi nous du-ra-bles.

Par-mi nous du-ra-bles.

*Récitatif.*
Aussi-tôt de Bergers un con-

[209]

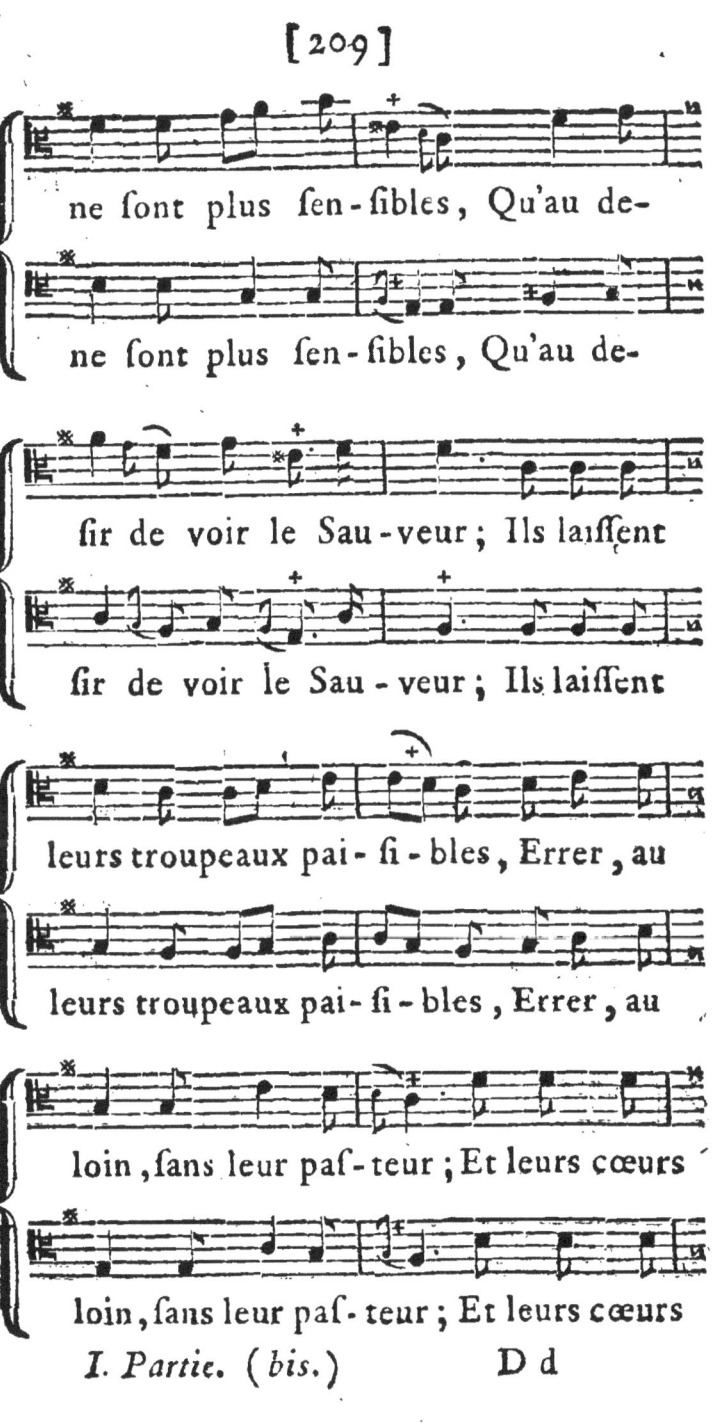

ne sont plus sen-sibles, Qu'au de-

ne sont plus sen-sibles, Qu'au de-

sir de voir le Sau-veur; Ils laissent

sir de voir le Sau-veur; Ils laissent

leurs troupeaux pai-si-bles, Errer, au

leurs troupeaux pai-si-bles, Errer, au

loin, sans leur pas-teur; Et leurs cœurs

loin, sans leur pas-teur; Et leurs cœurs

*I. Partie.* (*bis.*)      D d

[210]

ne sont plus sen-si-bles, Qu'au desir

ne sont plus sen-si-bles, Qu'au desir

de voir le Sau-veur.

de voir le Sau-veur.

Récitatif.

De-jà les transports de leur zèle, Les ont conduits au terme où leur foi les ap-pelle; Déja du ciel les Mys-tè-res di-vers, A leurs regards sont dé-cou--verts. Gracieux. Ils a-do-rent leur

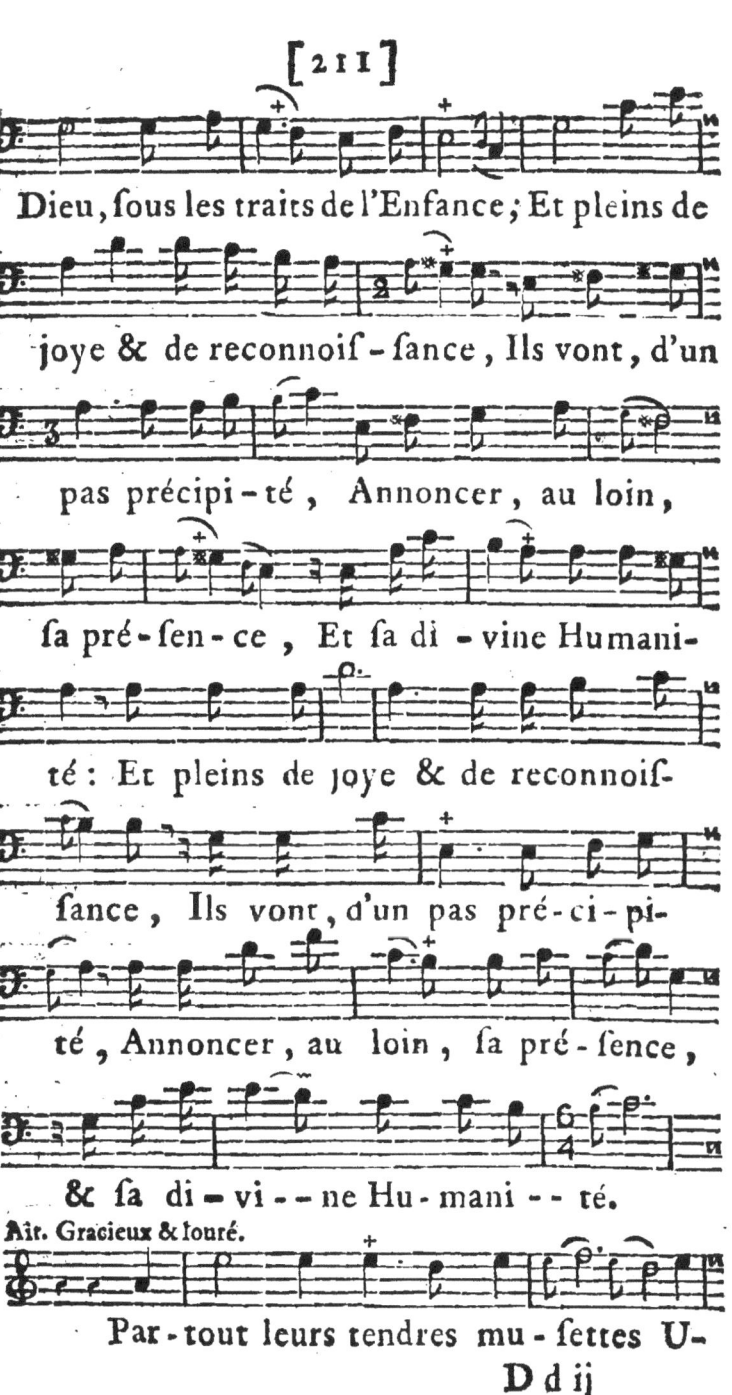

Dieu, sous les traits de l'Enfance; Et pleins de joye & de reconnoissance, Ils vont, d'un pas précipi-té, Annoncer, au loin, sa pré-sen-ce, Et sa di-vine Humani-té: Et pleins de joye & de reconnois-sance, Ils vont, d'un pas pré-ci-pi-té, Annoncer, au loin, sa pré-sence, & sa di-vi--ne Hu-mani--té.

Air. Gracieux & louré.

Par-tout leurs tendres mu-settes U-

[213]

Allons à ce Sauveur aimable; Cherchons-le
d'esprit & de cœur. Il n'est point de bien
véritable, Pour qui s'éloigne du Seigneur: Mais, en célébrant sa Naissance, Pour plaire à ce Dieu de bonté,
Des Bergers ayons l'innocence,
Et leur humble simplicité.

Bergers, triomphez, triomphez . . .
. . . . dans ce jour: Vous avez les pre-

[214]

miers éprou-vé son amour; Triom-

phez . . . . . . . . dans ce

jour: Vous avez les premiers éprou-

vé son amour. Les Rois, les Rois, eux-

même, Envîront votre sort, Et bien-

tôt, à leur tour, Ils viendront à ses

pieds mettre leur Dia-dê-me. Triom-

phez . . . . . . . . dans ce

jour: Vous avez, les premiers éprou-

[216]

Bergers, triomphez, triomphez...  ...dans ce jour: Vous avez les premiers éprou-vé son amour. Triomphez... ...dans ce  jour: Vous avez les premiers éprou-vé son amour: Vous a-vez les premiers éprou-vé son amour.

CANTIQUE

# CANTIQUE I.

**Récit.**

Séche tes pleurs, Sion! (a) éclate en doux transports : Tu verras du Seigneur l'éternelle lumiere, Se lever bientôt sur tes bords, Pour éclairer la terre entiere. Séche tes pleurs Si-

I. Partie. (bis.)

[218]

bîme, Ouvre-nous les Cieux. - - -

bîme, - Ferme-nous l'a-

- - - - Ferme-nous l'abîme, Ou-

bîme, Ouvre-nous les Cieux. - Ou-

vre-nous les Cieux, Ouvre-nous les Cieux.

vre-nous les Cieux, Ouvre-nous les Cieux.

Récit.

Nos cris sont écou-tés (*d*) : le Maî-

tre du Ton-nerre N'est plus, pour

[ 223 ]

nous, que le Dieu de bon-té : Déja,

sous les de-hors de notre huma-ni-

té, Du plus chaste sein nous est né (e)

Le Mes-si-e at-ten-du si long-

*Avec sentiment.*

temps sur la ter-re. Unis-

sons nos res-pects, fléchis-sons les ge-

noux (f); Je-sus est au mi-lieu de

[224]

Duo.

nous; Unif-fons nos ref-pects flé-

Unif-fons nos ref-pects flé-

chif-fons les ge-noux ( *g* ); Je-

chif-fons les ge-noux Je-

fus eft au mi-lieu de nous.

fus eft au mi-lieu de nous.

Un peu léger.

Hâ-tez-vous, def-cen-dez des

voû-tes é-ter-nel--les, Fi-

dé-les Chéru-bins qu'em-bra-fe

fon

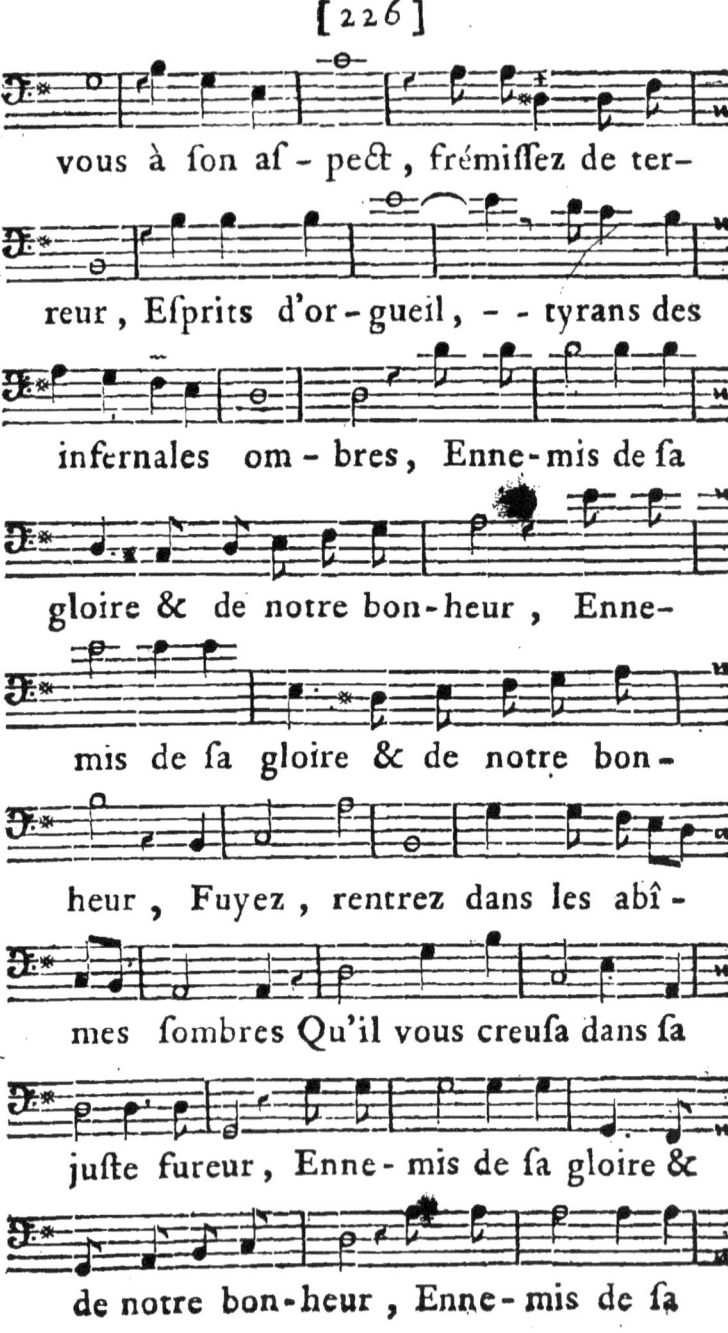

[227]

gloire & de notre bon-heur, Fuyez ren-
trez dans les abî - - mes sombres Qu'il
vous creu - sa dans sa juste fu - reur!

Andantino.

Qu'il est ai - mable, (g) Dans son ber-
ceau! Qu'il est beau! Qu'il est ado -
ra - ble! Dans sa beau - té, Quelle
ma - jes - té! Qu'il est ai - mable,
Dans son ber- ceau! Qu'il est beau!
Qu'il est ado - ra - ble! Dans sa gran-

F f ij

deur, Que de dou-ceur ! En vain les langes cachent ſes traits ; A mille at-traits, Je reconnois Le Dieu des Anges ; A mille at-traits, Je re-connois Le Dieu des An-ges.

Récit de baſſe.

Souverain abſo-lu de tout ce qui reſ-pi-re, (h) De l'une à l'autre mer il étend ſon em-pi-re, il étend ſon empi- - - re ; De la crêche il

[229]

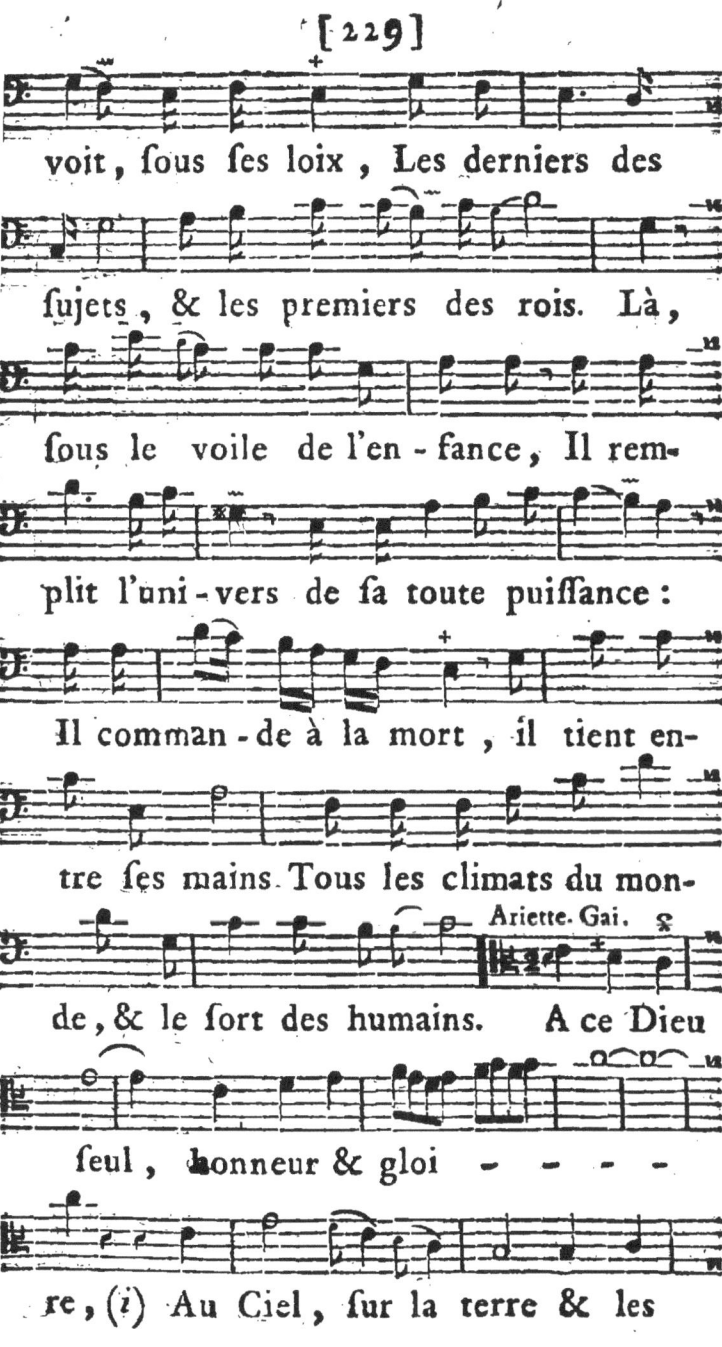

voit, sous ses loix, Les derniers des sujets, & les premiers des rois. Là, sous le voile de l'en-fance, Il remplit l'uni-vers de sa toute puissance: Il comman-de à la mort, il tient entre ses mains. Tous les climats du monde, & le sort des humains. Ariette. Gai. A ce Dieu seul, honneur & gloi - - - - re, (1) Au Ciel, sur la terre & les

[231]

fers, Sa main bienfai-sante Fait tom-ber nos fers, Sa force triomphan- - -te, En-chaî- - - - - ne les Enfers, En-chaî- - - - - ne les en-fers - - Sa force triomphan- - te Enchaî- - - - - ne les en-fers. A ce Dieu, &c.

Rondeau gracieux & léger.

Né dans le sein de l'indi-gence, (k)

du pauvre il veut ê-tre l'ap-pui :

Bergers, sur les rois, aujourd'hui, Il

vous donne la pré-fé-ren-ce.

**Refrain.**

Annon-cez, au loin, ses bienfaits ;

Chantez sa naissance à jamais. C'est

lui qui forma la struc-tu-re (*l*) Du

grand édi-fi-ce ; des Cieux, C'est lui qui

pare la na-ture, Des beau-tés qui

charment vos yeux. Annoncez au

loin

[233]

loin, ses bienfaits; Chantez sa naissan-ce à ja-mais; Sans lui jamais la paix tranquille (m) Ne peut ré-gner dans vos hameaux; Jamais la terre, à vos travaux Ne peut ou-vrir un sein fer-ti--le; Annon-cez au loin ses bien-faits; Chantez sa naissance à ja-mais. La ri-chesse de vos moif-sons, Le ga-zon de vos pâ-tu-rages, (n) La ver-

I. Partie (bis)　　　　　　　G g

[ 235 ]

fort, (p) Au coup qui lui donne la mort, Offre une tête obéiſ-ſan-te.

**Majeur.**
Annnoncez au loin ſes bien-faits, Chantez ſa naiſſan-ce à ja-mais.

**Gai.**
Que du Nord au midi (q), du cou-chant à l'au-ro--re; Que par tout on l'aime on l'a-do--re! Que par tout on l'aime on l'a-do--re! Que ſon ſaint nom ſoit exal-té, Et dans le

Gg ij

[236]

temps & dans l'éterni-té! Que par tout on l'ai-me on l'a-dore, Que par tout on l'aime on l'a-dore! Que du nord au mi-di, du cou-chant à l'au-ro-re, Que par-tout on l'aime on l'a-do-re, Que son faint Nom foit exal-té Et dans le temps & dans l'éterni-té, Et dans le temps, Et dans le temps, & dans l'é-ter-ni-té.

(a) Mich. 4. Zachar. 9. If. 6. Rom. 11. (b) Pf. 97. (c) 3. Reg. 8. (d) Pf. 29. (e) If. 7. (f) Pf. 94. Joan. 10. (g) Cant. 2. (h) Pf. 91. If. 25. Pf. 94. (i) 1. Tim. 1. (k) 2. Cor. 8. (l) If. 25. (m) Pf. 95. (n) Pf. 146. Ibid. (o) Rom. 5. (p) If. 52. (q) Pf. 122.

[237]

# CANTIQUE II.

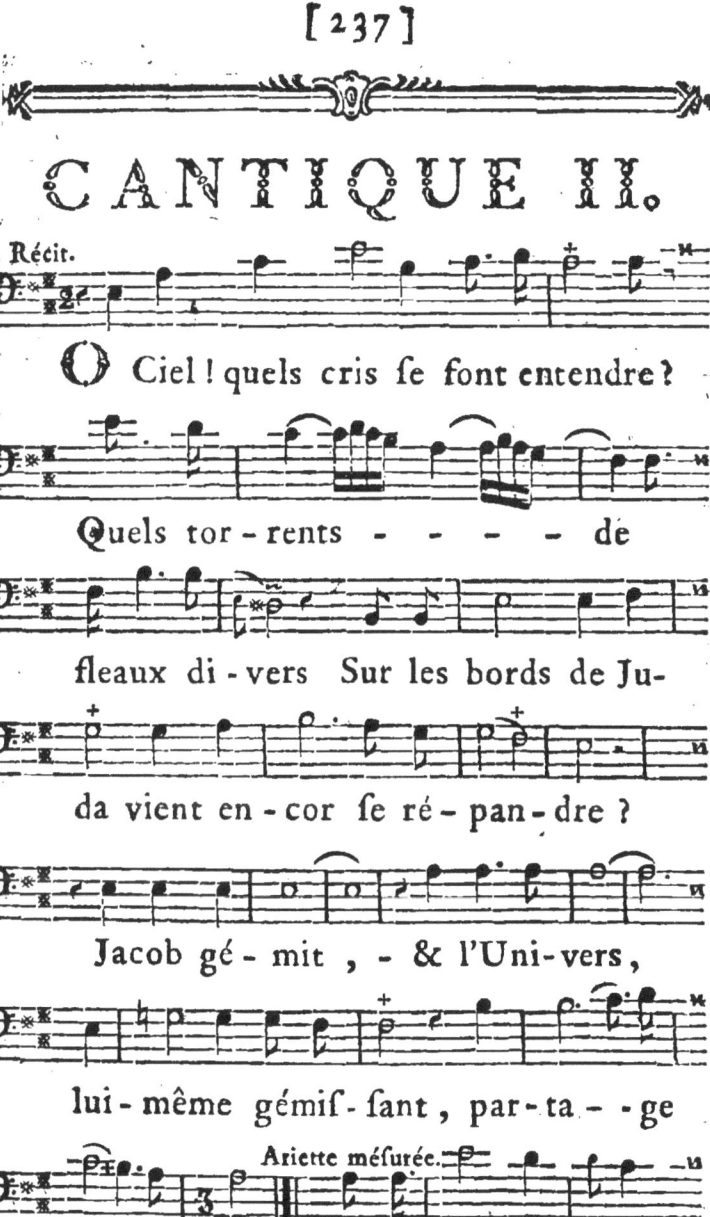

O Ciel! quels cris se font entendre?
Quels tor-rents - - - - de fleaux di-vers Sur les bords de Ju-da vient en-cor se ré-pan-dre?
Jacob gé-mit, - & l'Uni-vers, lui-même gémis-sant, par-ta- -ge ses re-vers. La Ci-té tou-jours

[238]

triom-phan - - - te, Sera donc, à jamais, ef-clave des en-fers? De l'Eter-
nel la main toute puiſſante, Ne rom-
pra-t-elle point ſes fers? De l'E-ter-
nel la main toute puiſ-ſante, Ne
rom-pra-t-elle point ſes fers? De
l'Eter-nel la main toute puiſ-ſante,
Ne rom-pra-t-elle point ſes fers?

Ariette très affectueuſe.

Peuple incon-ſo-lable, (a) Ar-rête tes

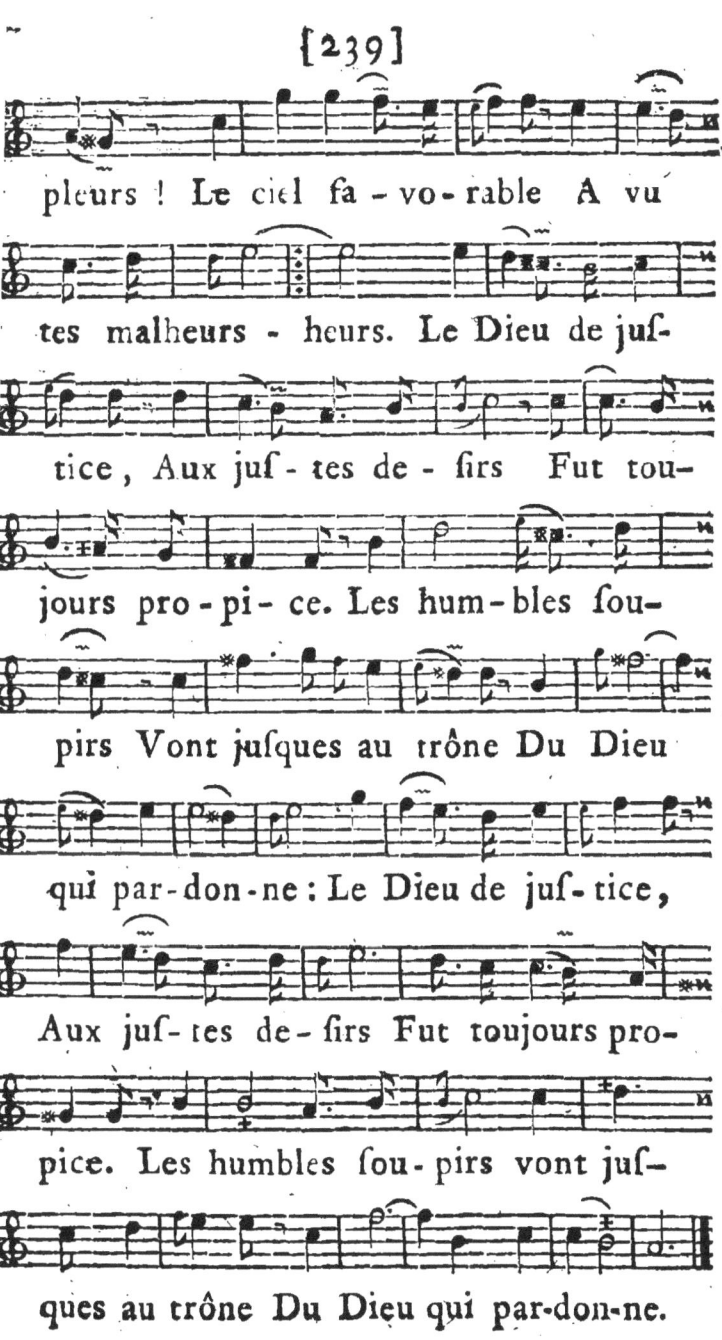

pleurs ! Le ciel fa-vo-rable A vu

tes malheurs - heurs. Le Dieu de juf-

tice, Aux juf-tes de-firs Fut tou-

jours pro-pi-ce. Les hum-bles fou-

pirs Vont jufques au trône Du Dieu

qui par-don-ne : Le Dieu de juf-tice,

Aux juf-tes de-firs Fut toujours pro-

pice. Les humbles fou-pirs vont juf-

ques au trône Du Dieu qui par-don-ne.

[240]

**Récitatif.**

Na-tions du monde écoutez, (b) Le Seigneur a par-lé. Por-tez au loin, por-tez Les o-ra-cles qu'il a dictés.

**Air. Fièrement.**

Que les îles les plus sau-va-ges,
Que les bords les plus écar-tés, Pré-parent dé-jà leurs hom-ma-ges. (c)
Que les îles les plus sau-va-ges,
Que les bords les plus écar-tés Pré-pa-rent dé-jà leurs hommages, pré-parent

[241]

parent dé-jà leurs hom-ma-ges. *Fin.*

Ele-vez votre voix, Ele-vez votre voix. Bien-tôt le genre hu-main Verra briller - - - - la di-vine lumiere : Annoncez à la terre en-tiere, Annon-cez le Sau-veur, qui naî-tra de son sein : Elé-vez votre voix, Elé-vez votre voix. Bien-tôt le genre hu-main Verra briller - - - - -

I. *Partie.* (*bis*)   H h

[242]

la di-vi-ne lu-mie-re : Annon-

cez à la terre en-tiere, Annon-cez

le Sau-veur qui naî-tra de son sein.

Que les îles les plus sau-vages, &c.

Ariette.

Bien-tôt le Roi de gloi - - -

re, (d) Viendra, sous la dou-ceur

de ses di-vins at-traits, Appor-

ter dans Si-on la jus-tice & la paix:

Puisse-t-elle de ses bien-faits Ne

[245]

Le ti-mi le orphe-lin, qui pleure

Le ti-mide orphe-lin, qui pleure

sans dé-fen - - se, L'humble dont

sans dé-fen - - se, L'humble dont

il voit l'inno-cence, Partage-

il voit l'inno-cence, Partage-

ront sa cou-ronne avec lui:

ront sa cou-ronne avec lui:

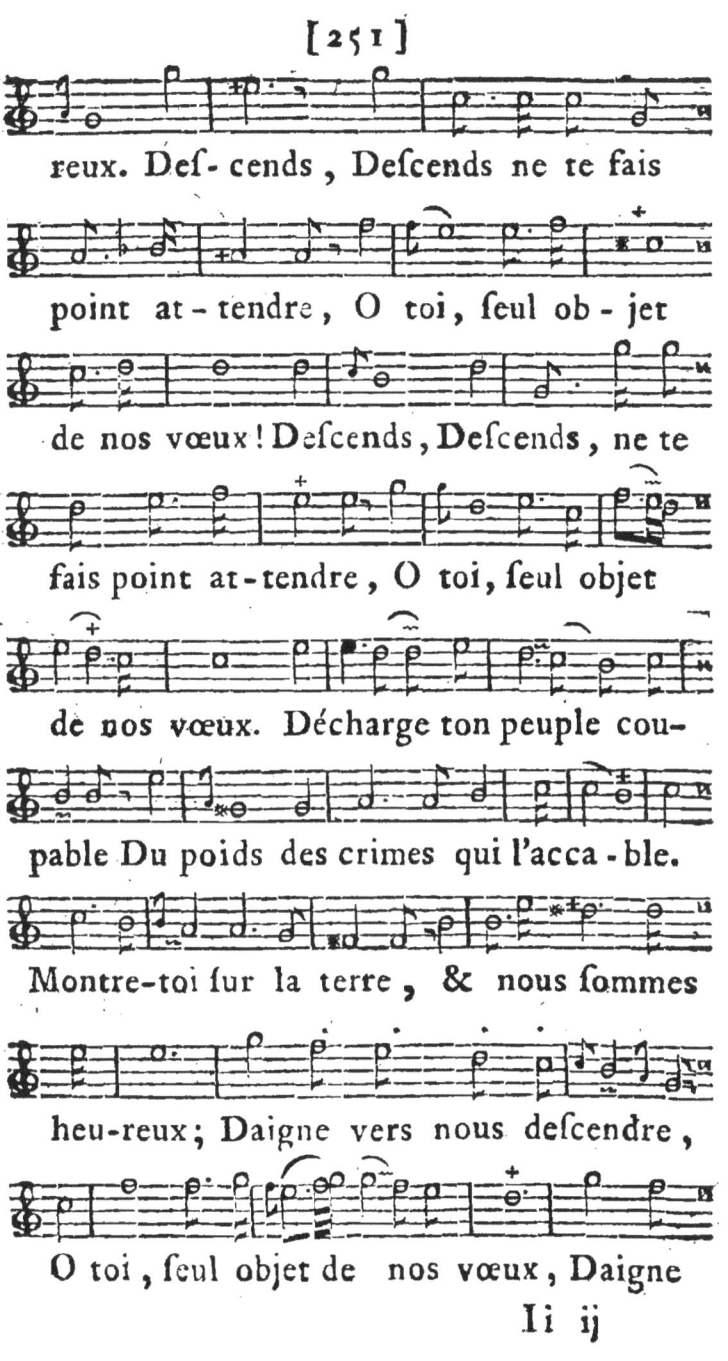

vers nous descendre, O toi, seul objet de nos vœux ! Mais d'où nous vient la clarté qui nous luit ? Le jour le plus serein a dissipé la nuit. La demeure céleste s'ouvre. Qui forme ces concerts divins ? Pour qui sont opérés ces prodiges soudains ? Le Mystère adorable à nos yeux se découvre ; Le démon fré-

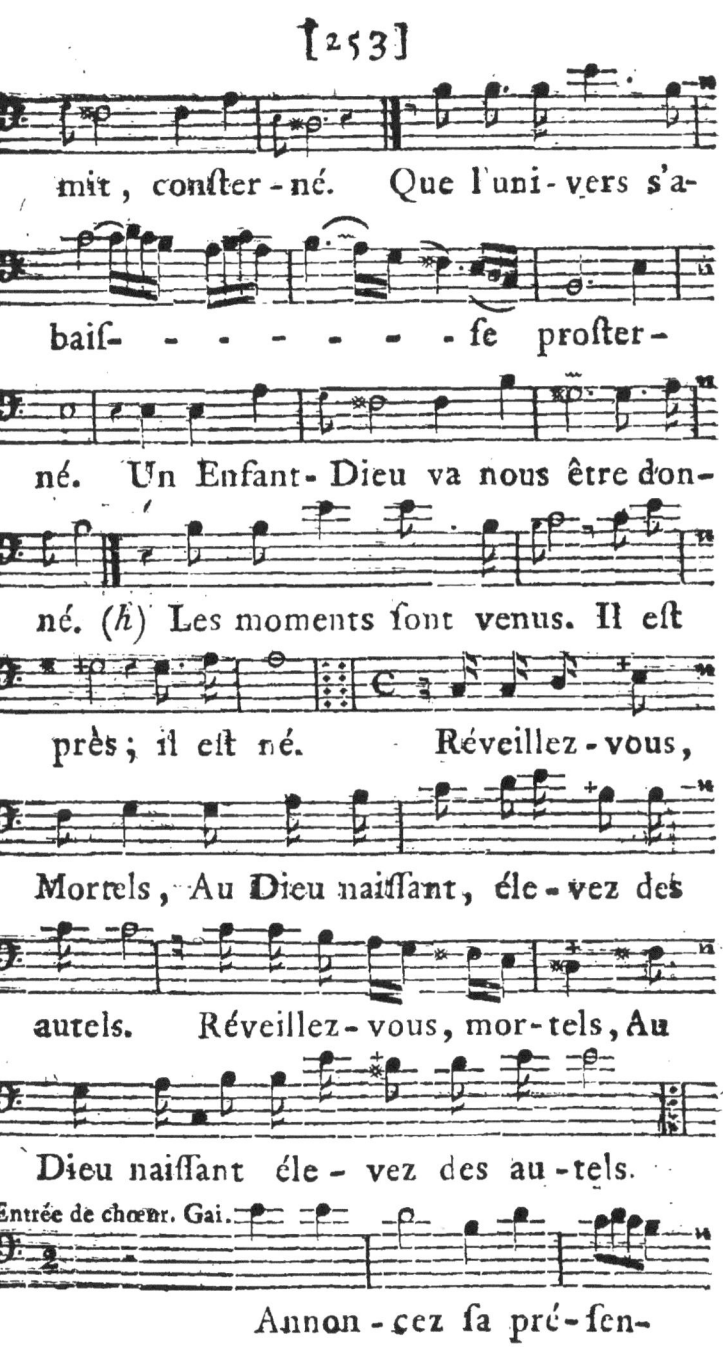

cœurs & nos voix. Annonçons sa pré-

cœurs & nos voix.

sen - - - - - - -

Annon-çons sa présen - -

- - -ce, Célébrons, Célébrons

- - -ce, Célébrons, Célébrons

son en-fance, Unissons, à la fois, nos

son en-fance, Unissons, à la fois, nos

cœurs

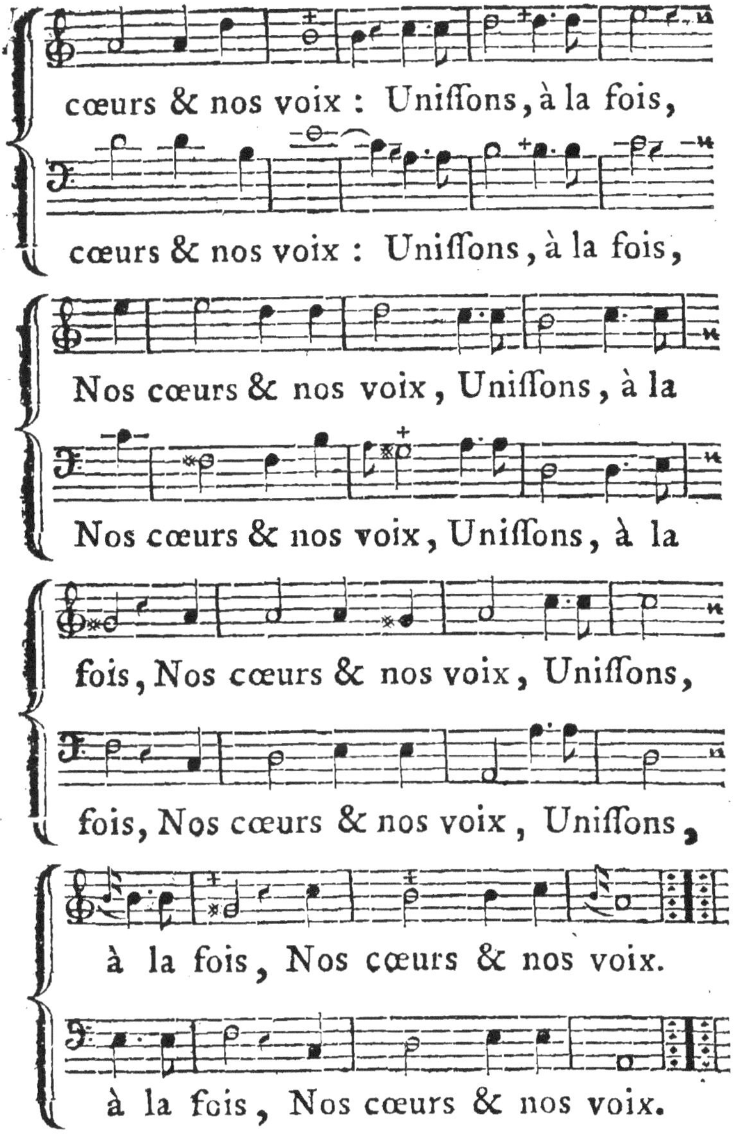

[257]

cœurs & nos voix : Unissons, à la fois,

cœurs & nos voix : Unissons, à la fois,

Nos cœurs & nos voix, Unissons, à la

Nos cœurs & nos voix, Unissons, à la

fois, Nos cœurs & nos voix, Unissons,

fois, Nos cœurs & nos voix, Unissons,

à la fois, Nos cœurs & nos voix.

à la fois, Nos cœurs & nos voix.

(a) Is. C. 40. (b) Jer. C. 31. (c) Is. C. 60. (d) Matth. 21. Ps. 71.
(e) 3. Reg. C. 8. Ps. 71. (f) Ezech. 3. C. 6. Joël. C. 5. (g) Ps. 79.
(h) Is. C. 9.

*I. Partie.* **(bis)**          K k

# CANTIQUE III.

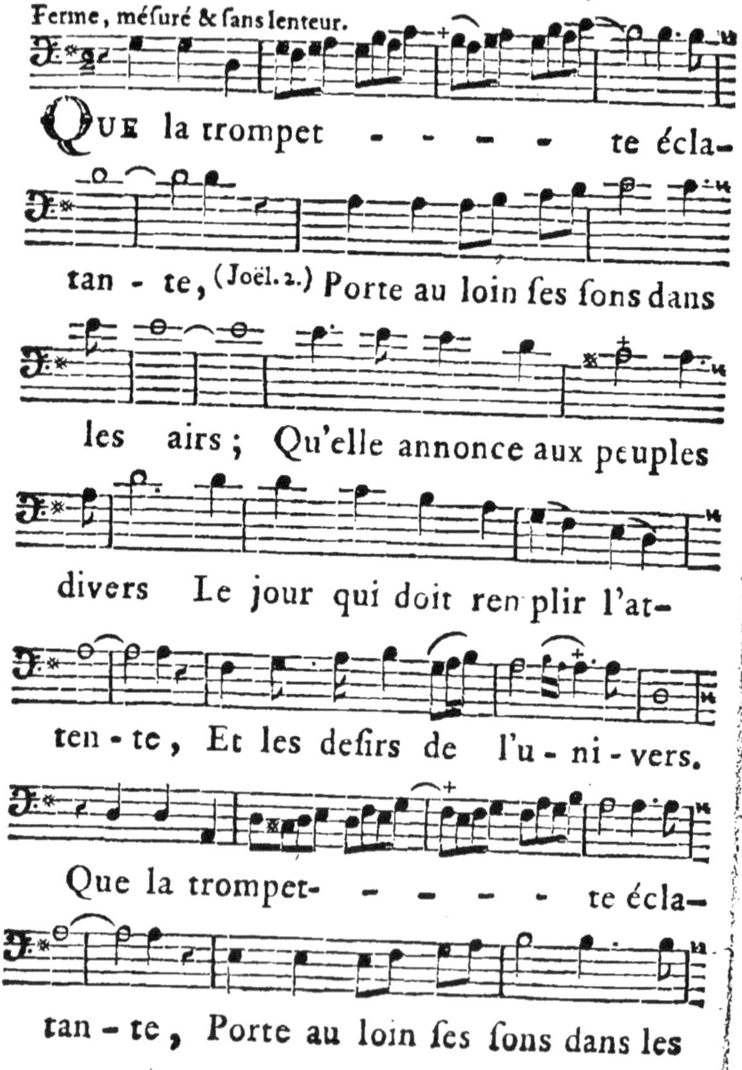

Ferme, mefuré & fans lenteur.

Que la trompet — — — — te écla-tan-te, (Joël. 2.) Porte au loin fes fons dans les airs; Qu'elle annonce aux peuples divers Le jour qui doit remplir l'at-ten-te, Et les defirs de l'u-ni-vers.

Que la trompet- — — — — te écla-tan-te, Porte au loin fes fons dans les

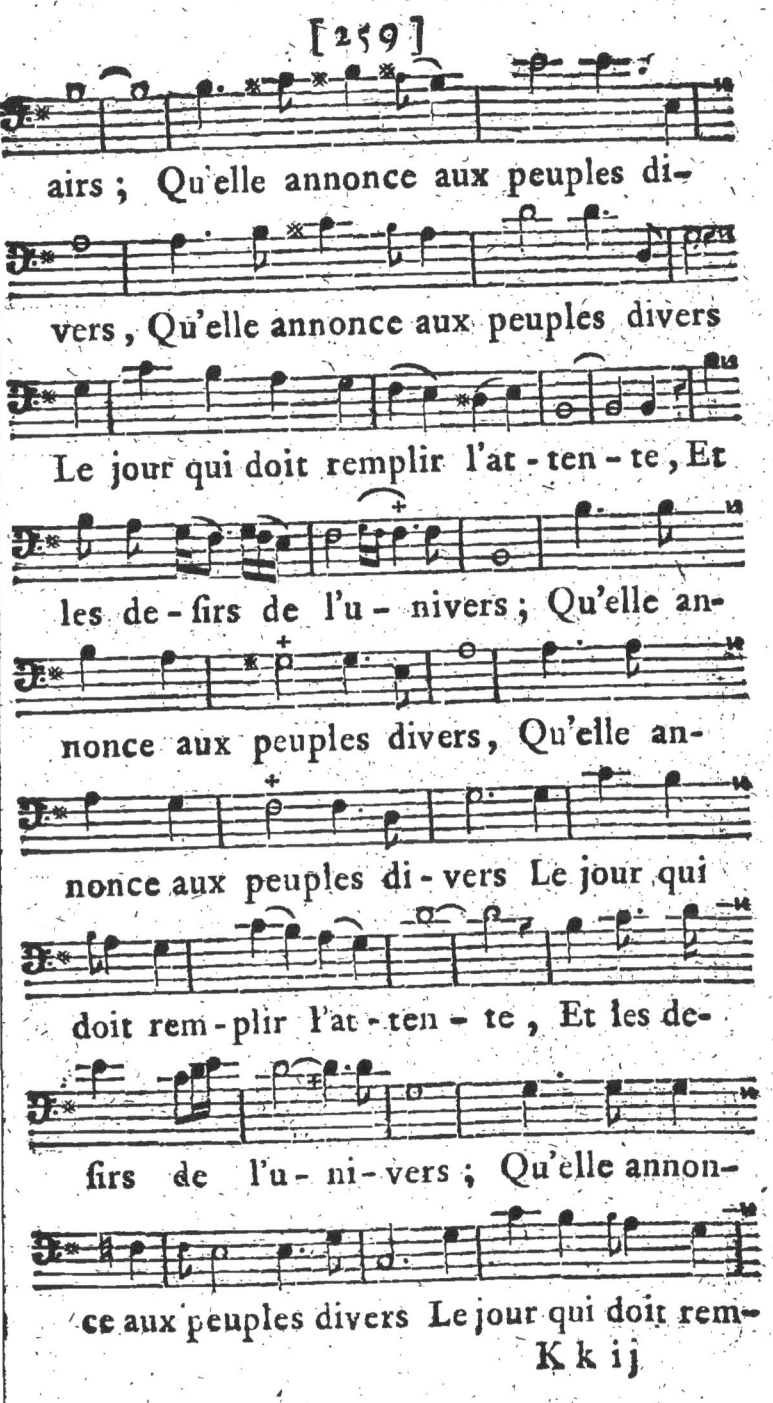

[260]

plir l'attente, Et les defirs de l'u-ni-vers.

**Duo gracieux.**

Sageffe éter-nel-le! Defcend des

Sageffe éter-nel-le! Defcend des

Cieux: Sa-geffe éter-nelle, Defcend

Cieux: Sa-geffe éter-nelle, Defcend

des Cieux: Lumière immor-telle, Lu-

des Cieux: Lumière immor-telle, Lu-

mière immor-tel-le! E-claire nos

mière immor-tel-le! E-claire nos

[263]

dre, dé-sor-mais, Ton re - - -

dre, dé-sor-mais, Ton re - - -

- - - - gne, Ton regne du-

- - - - gne, Ton regne du-

ra - - ble. Sa-gesse éter-nelle! Des-

ra - - ble. Des-

cend des Cieux, Lu-mière immor-

cend des Cieux, Lu-mière immor-

[266]

Ton re - - gne, Ton re - - - - - - gne, Ton re - gne du - ra - - ble - gne, Ton re - gne du - ra - - ble.

Récitatif.
Les temps sont arri- vés ; déja, plus d'une fois, Des o- ra- cles du Ciel, le di- vin inter- prê- te, A frappé les dé- serts des éclats de sa voix. Dieu suivra de près son prophête.

[267]

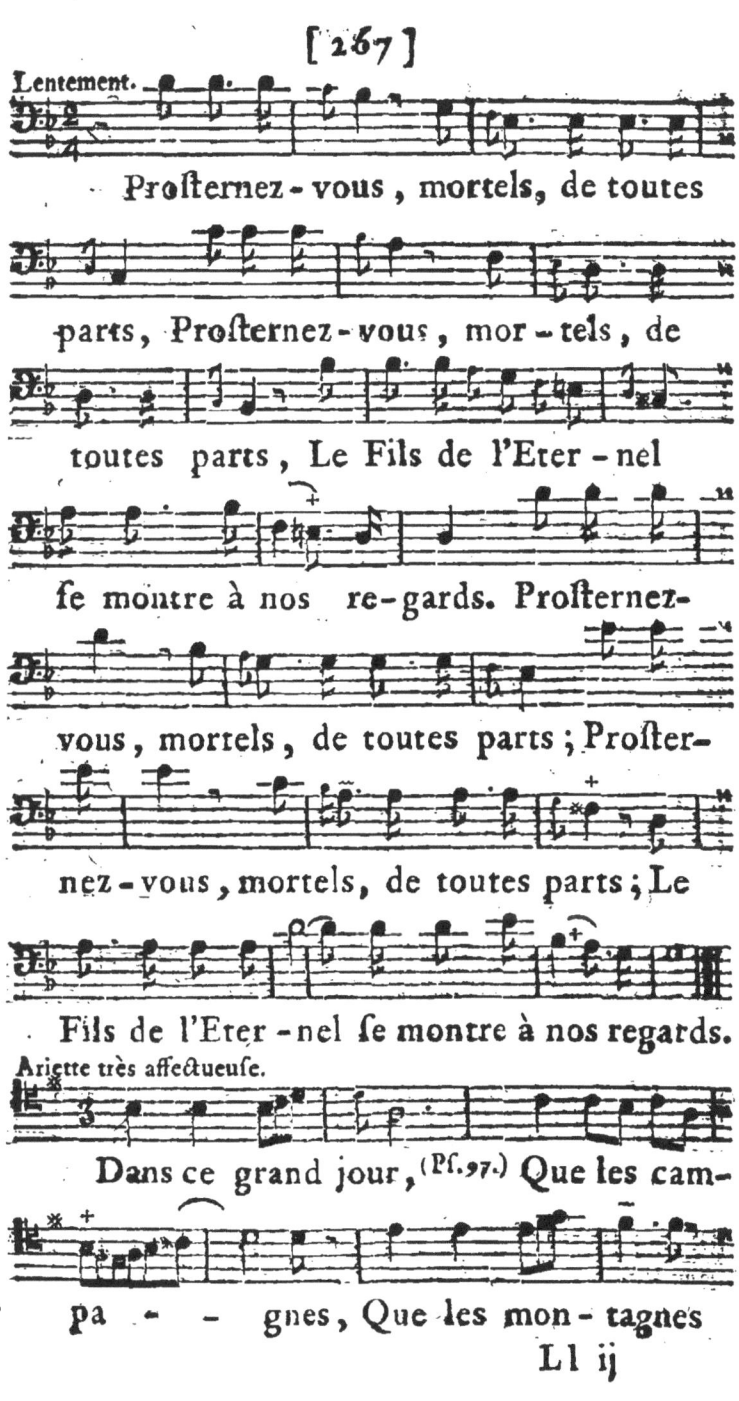

[268]

Tri-omphent, à leur tour, D'alé-

gresse & d'a-mour, Triom- - -

phent, Triomphent, à leur tour,

D'alé-gresse & d'a-mour. Dans ce

grand jour, Que les cam-pa- - gnes,

Que les mon-tagnes Tri-om- - -

phent, Triomphent à leur tour, D'alé-

gresse & d'a-mour. Dans ce grand

jour, Que les cam-pa- - - gnes, Que

[269]

les mon-tagnes, Tri-om - - - -

- - - - - - phent, à leur

tour, D'alé-gresse & d'a-mour. Dans

ce grand jour, Que les cam-pa - -

-gnes, Que les mon-tagnes, Que les

mon-tagnes Triomphent, à leur tour,

D'alé-gresse & d'a-mour; Tri-om - -

phent, Tri-om - - - phent à leur

tour; D'alé-gresse & d'a-mour,

[271]

[272]

-re - - gne sur l'é-ter-ni-té,

Il re - - - - - - - -

-gne sur l'é-ter-ni - - té.

Duo. Modérément.

Par sa puis-sance L'En-fer est ré-

Par sa puis-sance L'en-fer est ré-

-duit ; Le cri-me s'en-fuit, A sa

-duit ; Le cri-me s'en-fuit, A sa

présen-ce. Par sa puissance, L'en-

- présen-ce. Par sa puissance, L'en-

fer

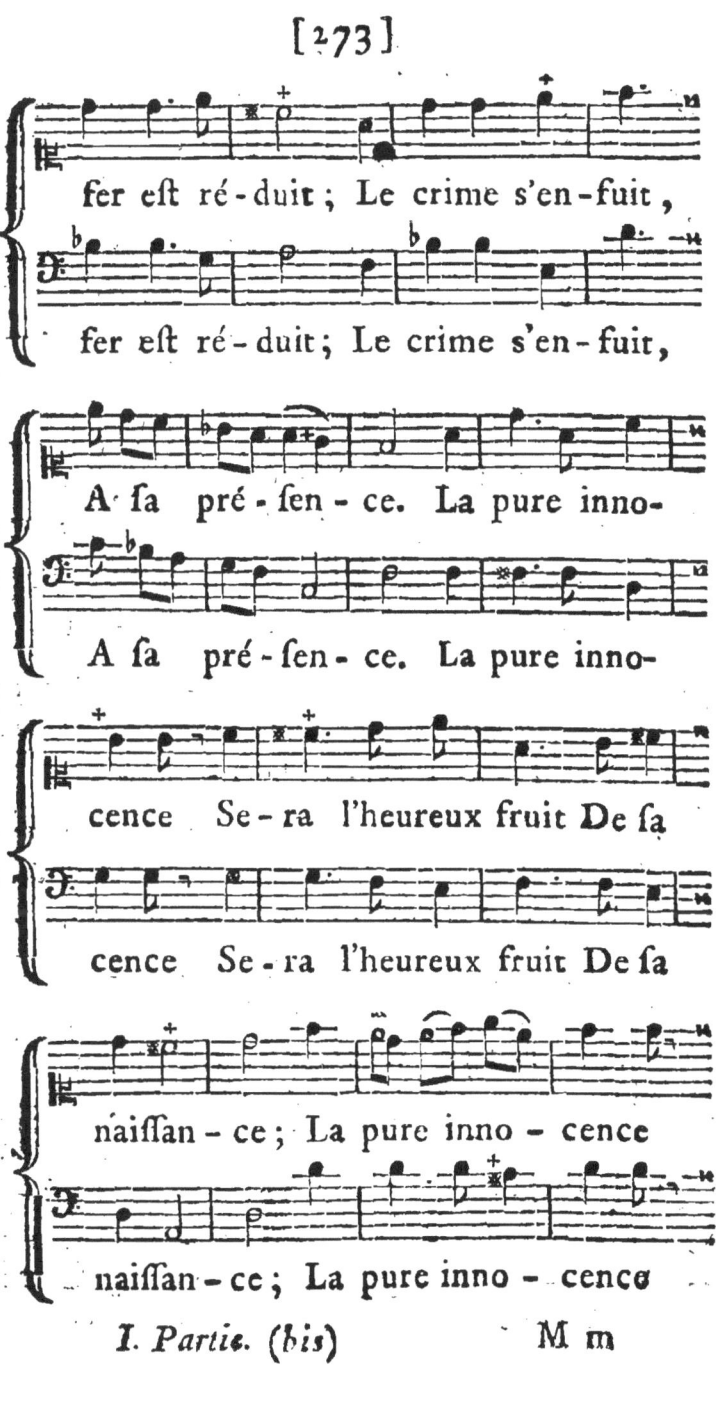

I. Partie. (bis)

[274]

Se-ra l'heureux fruit de sa naissan-

Se-ra l'heureux fruit de sa naissan-

ce: La pure inno-cence Se-ra

ce: La pure inno-cence Se-ra

l'heureux fruit de sa naissan-ce.

l'heureux fruit de sa naissan-ce.

Musette. Affectueusement.

Bergers! ja-mais un jour si beau

Vint-il bril-ler sur vos re-traites?

Bergers! ja-mais un jour si beau.

[276]

- - - - re à son Ber-ceau. *Fin.*

**Mineur**

Les oi-seaux, par leur ra-ma- - - - - - - - -ge, Bénis-sent son nom dans les bois. Tou-te la na-ture, à la fois, S'empresse à lui ren-dre hommage, S'em-presse à lui ren-dre hom-ma-ge. Et l'homme fait à son i-mage, Pour qui ce Dieu naît en ce jour, N'auroit-il point seul de lan-

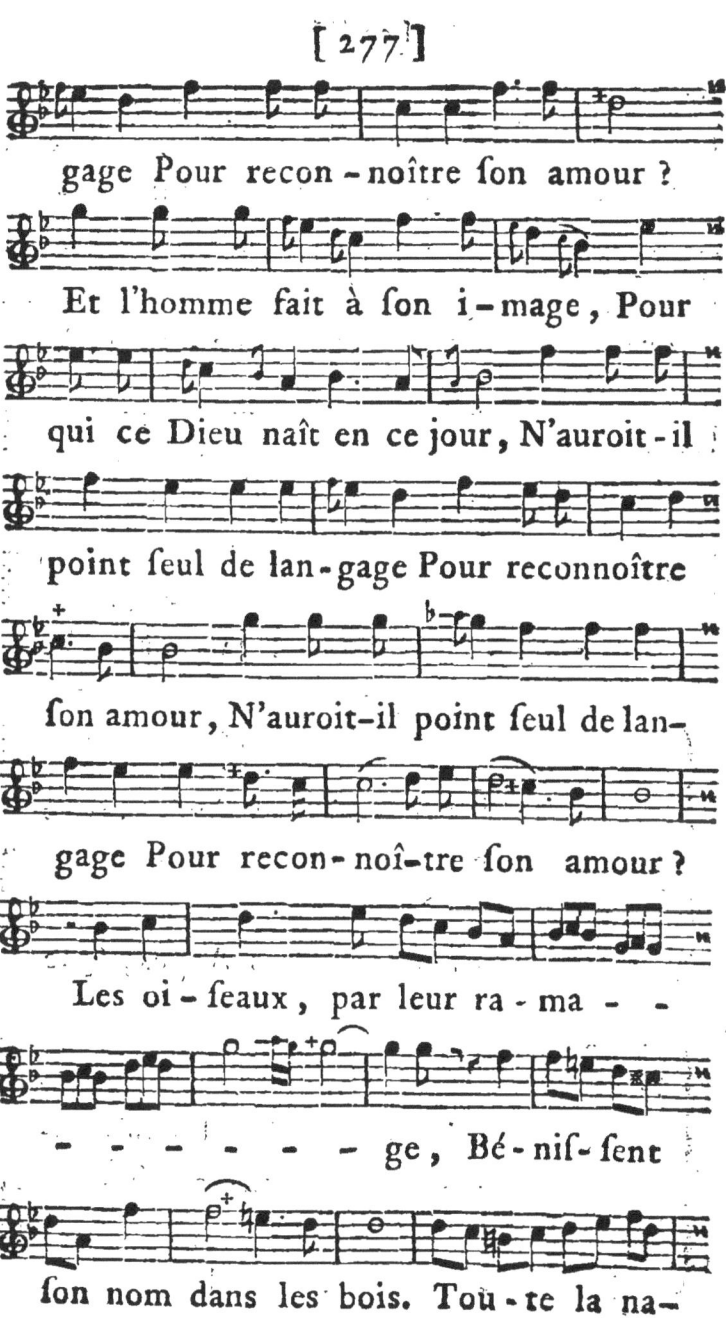

gage Pour recon-noître son amour ?
Et l'homme fait à son i-mage, Pour
qui ce Dieu naît en ce jour, N'auroit-il
point seul de lan-gage Pour reconnoître
son amour, N'auroit-il point seul de lan-
gage Pour recon-noî-tre son amour ?
Les oi-seaux, par leur ra-ma- - -
- - - - - ge, Bé-nis-sent
son nom dans les bois. Toû-te la na-

[281]

- - - vins, De concert ré-
Qu'à leurs chants di - - vins,

pon - de, Et la terre, &
De concert ré - - ponde,

l'on - - - de, Et tous les hu-
Et la terre, & l'onde, Et tous les hu-

mains! Que les chœurs des Anges,
mains! Que les chœurs des Anges,

*I. Partie. (bis)* Nn

# CANTIQUES
*A L'USAGE*
DES MILITAIRES.

## CANTIQUE I.

*Résolution de quitter le vice, & de se donner à Dieu.*

AIR noté ci-dessus, page premiere.

LE dessein en est pris ;
C'est fait, je veux, à tout prix,
Suivre de mon Dieu la voix,
Vivre constamment sous ses Loix.

Quand l'Enfer uniroit
Sa puissance,
Rien n'ébranleroit
Ma constance ;
Du vice, à jamais,
Je détesterai les attraits.

Je veux fuir, pour toujours,
L'écueil des folles amours,
Et tout plaisir criminel
Qui fut à mes mœurs si mortel.

Non, ni l'impureté,
La mollesse,
Ni la volupté,
Ni l'ivresse,
Malgré leur douceur,
Ne pourront plus rien sur mon cœur.

Non, jamais vain ferment,
Blasphême, faux jurement,
Mensonge, ni ses détours,
Ne profaneront mes discours.

Les termes indécents,
Les parjures,
Les traits médisants,
Les injures,
Les mauvais souhaits
En feront bannis, pour jamais.

Je veux garder la foi
Que j'ai promise à mon Roi;
Au bien porter mes amis,
Pardonner tous mes ennemis.

Le vol, la lâcheté,
L'injuſtice,
De l'impiété
La malice,
Seront, à mes yeux,
Des objets toujours odieux.

❊

O Dieu de ſainteté !
Ma force & ma fermeté,
Sans l'ombre de ton ſecours,
Se démentiroient pour toujours.

Acheve Dieu puiſſant,
Ton ouvrage :
Soutiens conſtamment
Mon courage,
Daigne, ſans retour,
Me fixer dans ton ſaint amour.

[287]

# CANTIQUE II.
*Actes principaux de Religion.*

### ACTE DE FOI.

Mon Dieu, je crois sincerement,

Et je veux croire constamment Ce que l'E-

gli-se nous apprend. C'est toi, Di-

vi-ne Trini-té! Su-prême & seule

Véri-té, Qui par l'Esprit saint l'as dicté.

### ACTE D'ESPÉRANCE.

O Dieu ! qui t'immolas pour moi,
Auteur de mes jours, de ma foi,
Je mets tout mon espoir en toi.

Tu peux feul être mon recours,
La force, l'appui de mes jours,
Ma récompenfe, pour toujours.

### Acte d'Amour.

Dieu de beauté, Dieu de grandeur !
Ma fin, ma gloire, mon bonheur ;
Je t'aime, du fond de mon cœur :
Toi feul es digne d'être aimé :
Que de tes faints attraits charmé,
Tout cœur pour toi foit enflammé !

### Acte de Contrition.

Seigneur ! confus de mes forfaits,
Pour l'amour de toi, je voudrois
Ne les avoir commis jamais.
J'en ai la plus vive douleur :
Toujours j'en aurai de l'horreur :
Mourir, plutôt qu'être Pécheur !

CANTIQUE

# CANTIQUE III.

*La confiance qu'il faut avoir en Dieu dans les combats.*

Du Dieu de puis-san-ce Implo-rons l'ap-pui : Avec confi-ance, Livrons-nous à lui. Heureux, qui sçait mettre Son sort en ses mains ! Seul il est le Maître Des jours des Humains.

Forçons les murailles,
Bravons les combats :
Le Dieu des Batailles
Conduira nos pas.
I. *Partie.* (*bis.*)

Soyons-lui fidéles,
Volons aux hazards :
L'ombre de ſes ailes
Vaut tous les remparts.

❃

Quand il nous protége,
Ce Dieu tout-puiſſant,
Ni combat, ni ſiége
N'a rien d'effrayant.
Du bruyant Tonnerre,
Les terribles coups ;
Les foudres de guerre
Sont un jeu pour nous.

❃

A lui ſeul la gloire
De tous nos travaux,
Et de la victoire
Qui ſuit nos Drapeaux :
En reconnoiſſance
De ſon ſaint ſecours,
Ayons la conſtance
De l'aimer toujours.

# CANTIQUE IV.

*Acte de consécration à Dieu.*

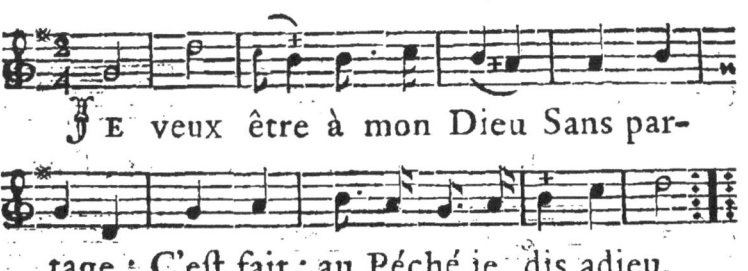

JE veux être à mon Dieu Sans par-

tage ; C'est fait ; au Péché je dis adieu.

Dieu seul, mon Seigneur, Mon Sau-

veur A l'hom - ma - ge Que lui

doit mon cœur.

O o ij

# CANTIQUE V.

*Acte de Consécration, & Priere à la sainte Vierge.*

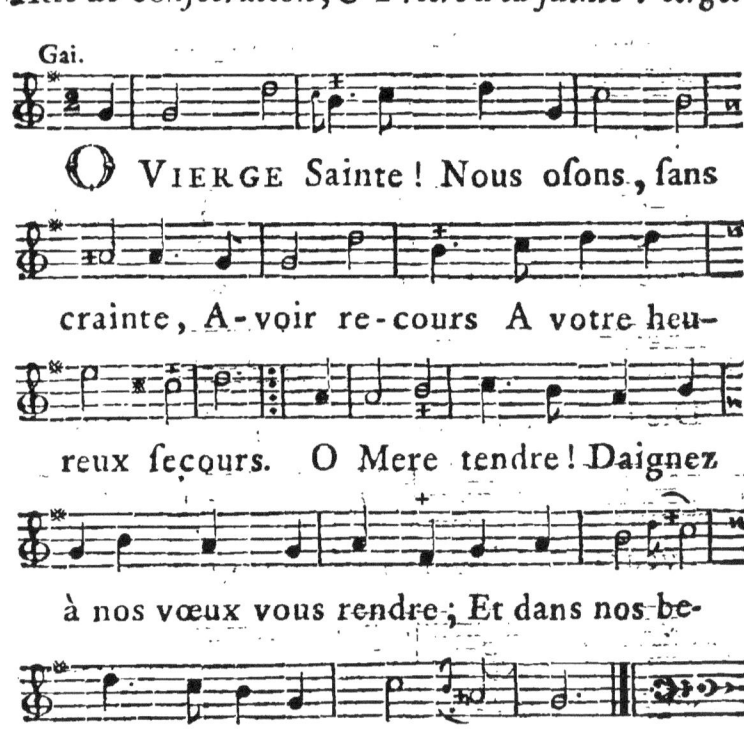

O VIERGE Sainte! Nous osons, sans crainte, A-voir re-cours A votre heureux secours. O Mere tendre! Daignez à nos vœux vous rendre; Et dans nos besoins, Accordez-nous vos soins.

Puissante Reine!
Seule Souveraine,
Dans le danger,
Veuillez nous protéger.

Avec votre aide,
Que tout ennemi nous cede,
Que nos traits, nos bras
Soient l'effroi des combats.

❃

Sous vos auspices,
Que jamais les vices
De leur noirceur
Ne souillent notre cœur.
Sauvez nos ames
De l'éternité des flammes,
Et conduisez-nous
Dans les Cieux avec vous.

# CANTIQUE VI.

*Pour demander à Dieu la conservation, la gloire & le salut du Roi.*

AIR noté ci-dessus, page 289.

O DIEU de tout être,
D'où vient tout secours !
Du Roi, notre Maître,
Conserve les jours.
Que ce Prince aimable,
Si cher à nos cœurs,
D'un bonheur durable
Goûte les douceurs !

Regne sur son Trône,
Toujours avec lui ;
Sois de sa Couronne
La force & l'appui.
Jette l'épouvante
Sur ses ennemis ;
A sa main puissante,
Rends-les tous soumis.

Fais que son partage
Soit, de plus en plus,
L'heureux assemblage
Des grandes vertus ;
Et qu'avec toi-même,
Ce Roi glorieux,
Porte un Diadême
Dans le sein des Cieux.

# TABLE.

### Cantiques de Morale.

Toutes les Créatures invitées à bénir le Seigneur. *pag.* 1
Sur la grandeur de Dieu. 172
Le bonheur d'une sainte enfance. 10
Les douceurs du joug du Seigneur. 13
La vanité des choses mondaines. 15
Le faux bonheur du Monde. 21
Le mépris du monde. 24
Adieu aux fausses joies du Monde. 25
Desir de recouvrer le bonheur de l'innocence. 184
L'ame esclave de la volupté, qui soupire après la vertu. 27
La paix du cœur. 30
Les délices du Paradis. 32
La gloire du Ciel. 34
Le Pécheur exhorté à revenir à Dieu. 36
Priere d'un Pécheur pénétré du regret de ses crimes. 38
Les regrets du jeune Pécheur. 41
Renoncement aux plaisirs & à la gloire du monde. 44
Acte d'Espérance après le péché. 48
Acte de Contrition. 50
Acte d'Amour. 51
Le prix des larmes de la pénitence. 187
Que Dieu seul est aimable, & qu'on ne trouve l'adou-
  cissement de ses peines que dans son amour. 52
Les avantages de l'Amour divin. 54
Les effets du divin Amour. 58
Desir de voir régner le divin Amour. 60
Le desir de voir Dieu aimé. 63
Sentimens de reconnoissance & d'amour. 66
Priere à l'Esprit saint pour lui demander son amour. 118
Qu'il faut servir le Seigneur avec joie & dans la paix. 72
Acte de conformité à la volonté de Dieu. 75
Sentimens de confiance en la Divine Providence. 77
Les Justes fervents. 175
Parallele du Fervent avec le Tiede. 183
Desir de posséder la pureté. 80

*Le bonheur*

Le bonheur d'une ame religieuse qui aime sa solitude. 82
Sur le Jubilé. 119
Pour les Enfans qui se disposent à recevoir le Sacrement de Confirmation. 91
Pour demander les sept Dons du Saint-Esprit. 93
Pour le commencement de la Messe. 97
Pour l'Offertoire de la Messe. 99
Pour l'élévation de la Sainte Hostie. 101
Avant la sainte Communion. 103
Après la sainte Communion. 106
Pour le renouvellement des Vœux du Baptême. 112

## Cantiques sur les Mystères & les Fêtes.

A l'honneur du Sacré Cœur de Jesus. 123
A l'honneur du Sacré Cœur de Marie. 129
Priere au Sacré Cœur de Marie. 137
Les douleurs de la Sainte Vierge auprès de Jesus mourant. 138
Pour la Fête de sainte Cécile, Vierge & Martyre. 145
A l'honneur de sainte Therese. 150
A l'honneur de sainte Jeanne-Françoise Frémiot de Chantal. 158
Priere à saint Jean de la Croix. 167
Sur ses paroles de sainte Marie-Magdelaine de Pazzy : *Souffrir & ne pas mourir.* 169

## Poésies lyriques sur la Nativité de N. S. J. C.

CANTATE. Les Bergers appellés à la Naissance du Sauveur du Monde. 191
Cantique premier. 217
Cantique second. 237
Cantique troisiéme. 258

## Cantiques à l'usage des Militaires.

Résolution de quitter le vice, & de se donner à Dieu. 284
Actes principaux de la Religion. 287
La confiance qu'il faut avoir en Dieu dans les combats. 289
Acte de consécration à Dieu. 291
Acte de consécration & Priere à la sainte Vierge. 292
Pour demander à Dieu la conservation, la gloire & le salut du Roi. 294

*I. Partie* ( bis )  P p

## Fautes à corriger.

*pag.* 33, portée 2, mesure 3, mettez *si la si* au lieu de *la sol fa.*
*ibid.* portée 3, mes. 1 & 2, *ut si si* au lieu de *si la la.*
*pag.* 59, portée 7, mesure 1, mettez une croche au premier *ut.*
*pag.* 60, portée 6, mesure 2, mettez une double croche au *la.*
*pag.* 63, portée 5, mes. 3, mettez une becarre avant le *si.*
*pag.* 73, portée 6, mesure 4, *ut* au lieu de *si.*
*pag.* 74, portée 4, mesure 3, *sol* au lieu du premier *si.*
*pag.* 78, portée 8, mes. 1, mettez un *la* avec un becarre, au lieu du premier *si.*
*pag.* 79, portée 3, mesure 2, ôtez une croche & mettez un point au *la.*
*pag.* 185, portée 7, effacez la seconde barre.
*pag.* 192, portée 1, ôtez la double croche du premier *mi.*
*pag.* 193, portée 2, mettez une barre avant les deux *mi.*
*pag.* 196, port. 7, mes. 2, mettez une double croche au 2 *ut.*
*pag.* 199, portée 4, mes. 2, ôtez la croche du premier *la.*
*pag.* 209, la clef doit être sur la quatrieme ligne jusqu'au Récitatif.
*pag.* 211, portée 7, mesure 3, ôtez la croche du *re.*
*pag.* 221, portée 2, mesure 1, mettez un dieze avant le *re.*
*pag.* 229, port. 3, mes. 2, mettez une double croche au 3 *re.*
*pag.* 232, port. 8, mes. 2, *ut* blanche au lieu d'*ut* noire.
*pag.* 235, portée 9, mesure 3, *la* à la place de *sol.*
*pag.* 237, portée 1, mettez une barre après la troisieme note.
*pag.* 245, portée 5, mesure 2, ôtez une des croches d'*ut si ut.* Et de même à la ligne suivante aux notes *la sol la.*
*pag.* 246, port. 3 & 4, mes. 1, une blanche *fa* & *re* double croche au lieu de *fa* & *re* noire, double croche.
*pag.* 247, port. 3 & 4, mes. 1, effacez une croche du *fa* & du *re.*
*pag.* 251, portée 5, *mi* blanche au lieu de *mi* noire.
*ibid.* portée 7, liez la derniere note de la troisieme mesure avec la premiere de la quatrieme.
*pag.* 253, portée 6, mesure 2, mettez une double croche au *re.*
*ibid.* Effacez la seconde barre de la portée 7, & mettez-la à la portée 8, après la seconde note, qui est un *la* double croche.
*pag.* 257, portée 2, mes. 3, liez le *re* noire avec le *re* blanche.
*pag.* 276, portée 6, mesure 2, *ut* au lieu de *si.*
*pag.* 282, portée 6, mesure 3, *re* blanche au lieu de *ut* blanche.

De l'Imprimerie de GRANGÉ, rue de la Parcheminerie.

# TABLE DES CANTIQUES,
## PAR ORDRE ALPHABÉTIQUE,
### Pour les I<sup>e</sup>. & II<sup>e</sup>. Partie.

Acheve ô Dieu.(*)I.110
Ah! que ton séjour. II. 34
Aimable innocence. II. 184
Aimable providence. II. 77
A la Reine des Cieux. I.178
Allons à la sainte. II. 112
Amour, divin amour. II. 58
Ange de Dieu. I. 185
Au Berceau de Jesus. I.259
Au Dieu de l'univers. II. 1
Au grand nom de. II. 158
Au Seigneur, Dieu. I. 212
Autour de nos sacrés. II. 97
Aux doux concerts. I. 1
Beauté suprême. I. 90
Bénissez le divin Maître. I. 5
Bénissons, à jamais. I. 22
Céleste amour. I. 93
Céleste asyle. II. 82
Chantez, chantez peup. I.239
Chantez, mortels. I. 215
Chantons, chantons. II. 106
Chantons le mystère. I. 169
Chere Sion! riche. I. 52
Cœur de Jesus. II. 123
Cœur rebelle, Dieu. I. 160
Combien triste est. I. 72
Consolez-vous ames. I. 116
Couronne de Jesus. I. 153
Daignez Dieu de bonté. II.38
Dans nos concerts. I. 183
Dans quels malheurs. I. 66

De Cecile honorons. II. 145
De Jesus la tendre. II. 138
De l'amour du Seign. II. 63
De mon Dieu seul. I. 120
Descends Esprit de. I. 167
Dieu puissant! dans. I. 68
Dieu seul, seul auteur. II. 52
Divin Jesus, mon Dieu. I.141
Divin Sauveur. I. 136
Doux Sauveur. I. 139
Du seul vrai Dieu. I. 81
En mon Dieu seul. I. 84
Entends ma voix. I. 70
Époux seul digne de. I. 186
Esprit d'amour. II. 118
Esprit Saint comblez. I. 17
Esprit Saint Dieu. I. 20
Est-il de bonheur. II. 21
Fausses douceurs. II. 25
Fleurs, l'honneur de. I. 9
Fuis seul auteur de. I. 79
Fuyez loin de mes. I. 14
Fuyons le monde. I. 41
Gloire, gloire au. I. 100
Goûtez ames ferventes. I.27
Grand Saint, ô vous. I.206
Hélas pécheur, quel. II. 36
Heureuse l'ame où. I. 32
Heureuse l'enfance. II. 10
Heureux qui de l'opul. I. 54
Heureux qui du. II. 129
Honneur, hommage. II.172

---

(*) Le chiffre Romain indique la Partie, & le chiffre Arabe la Page.

## Table Alphabétique.

| | | | |
|---|---|---|---|
| Jesus adorable. I. | 144 | Paix desirable. I. | 37 |
| Je te connois, monde. II. | 24 | Plaisirs enchanteurs. II. | 44 |
| Jeunes Chrétiens. II. | 91 | Pleurs de pénitence. II. | 187 |
| La fête solemnelle. I. | 207 | Portes éternelles. I. | 164 |
| La mort toujours. I. | 62 | Pudeur, sainte pudeur. I. | 121 |
| Le grand jour de la. II. | 191 | Puissances du céleste. II. | 150 |
| Les Justes d'une aîle. II. | 175 | Que Jesus est un bon. I. | 105 |
| L'espoir le plus doux. II. | 48 | Que le Seigneur est. II. | 169 |
| Ne cessons de rendre. I. | 192 | Quel fus-je, quel je suis. II. | 41 |
| Ne servons que le. I. | 39 | Que nos peuples. I. | 198 |
| Non, l'inconstance. I. | 96 | Que tout cœur au. II. | 66 |
| Non, rien n'est comp. II. | 54 | Qu'il naît aimable. I. | 133 |
| O ciel! quels cris sc. II. | 237 | Que la trompette. II. | 258 |
| O Cité du Seigneur. II. | 32 | Regardez d'un œil. II. | 99 |
| O Cœur sacré de la. II. | 137 | Regnez, regnez esprit. II. | 60 |
| O Croix, cher gage. I. | 162 | Ruisseaux & fontaines. I. | 12 |
| O Dieu de bonté. II. | 50 | Sacré Cœur du Sauv. I. | 172 |
| O Dieu de majesté. I. | 154 | Seche tes pleurs, Sion. II. | 217 |
| O Dieu de mon cœur. II. | 51 | Seigneur Dieu de. I. | 76 |
| O Dieu d'éternelle. I. | 47 | Seule source de biens. I. | 64 |
| O Dieu dont je tiens. I. | 123 | Soumis aux loix de ta. II. | 75 |
| O Dieu dont la prov. I. | 125 | Source de paix! I. | 113 |
| O Dieu mon unique. I. | 156 | Sortez, peuples heur. II. | 119 |
| O doux cœur du Sau. I. | 176 | Sous l'aimable loi. II. | 72 |
| O Jesus victime. I. | 158 | Telle qu'une aigle. II. | 183 |
| O mon doux Jesus. I. | 98 | Tendre jeunesse. I. | 24 |
| O mon Jesus, mon. I. | 152 | Toi, que par choix. I. | 188 |
| O qu'il est doux. II. | 13 | Tout n'est que vanité. II. | 15 |
| O sagesse desirable. I. | 45 | Trésors, honneurs. I. | 43 |
| O saint repos! II. | 30 | Troupe innocente. II. | 103 |
| O toi dont l'univers. I. | 190 | Viens dans mon cœur. II. | 80 |
| O toi qui dès ma. I. | 191 | Viens dans nous, Don. II. | 93 |
| O victime de tout. II. | 101 | Volupté perfide. II. | 27 |
| Oui je le crois. I. | 127 | Votre divin Maître. I. | 129 |
| O vous dont les. I. | 146 | Vous qui pour toute. II. | 167 |

### Cantiques des Militaires, II<sup>e</sup>. Partie.

| | | | |
|---|---|---|---|
| Du Dieu de puissance. | 289 | Mon Dieu je crois. | 287 |
| Je veux être à mon Dieu. | 291 | O Dieu de tout être. | 294 |
| Le dessein en est pris. | 284 | O Vierge sainte. | 292 |

FIN.

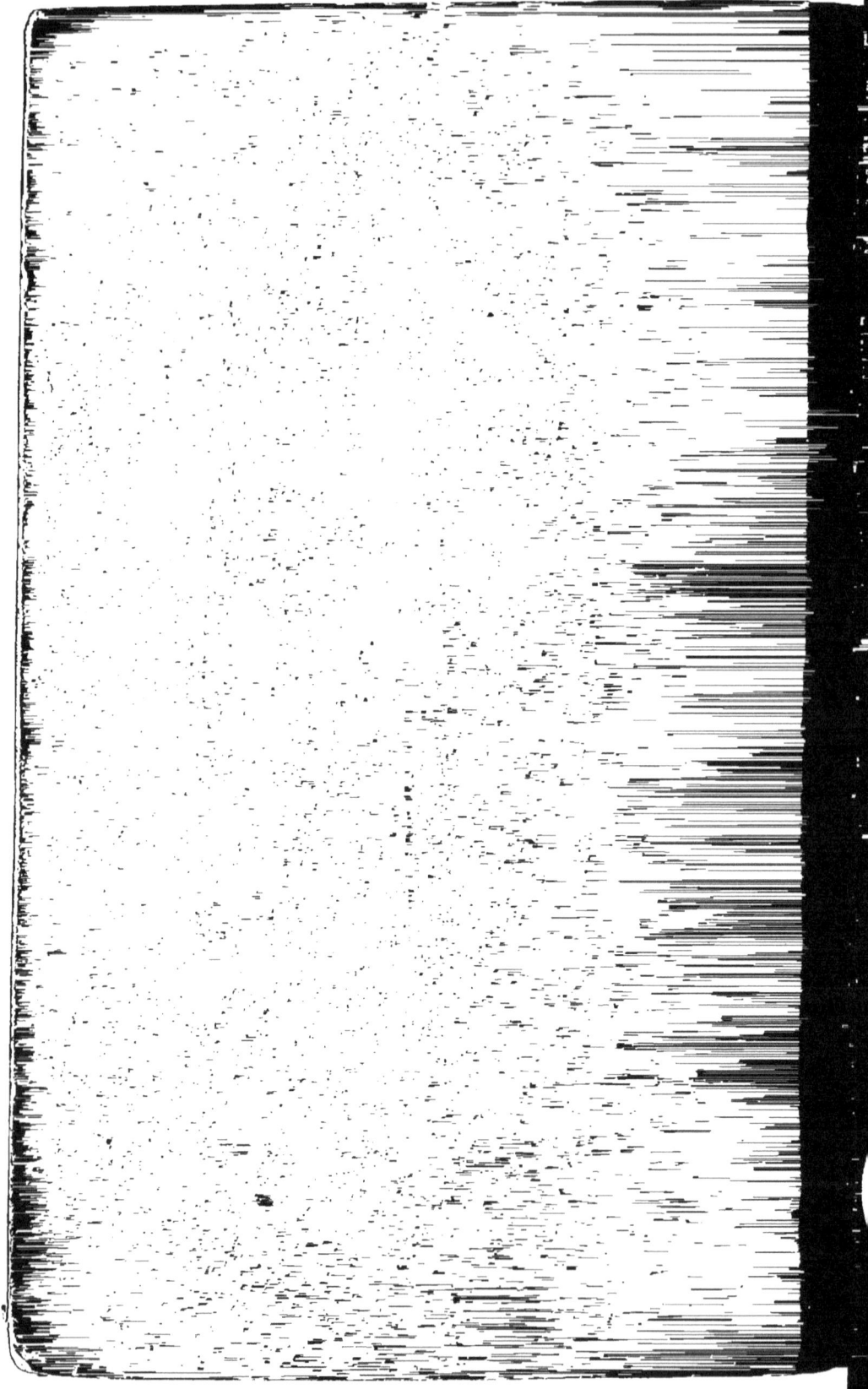

www.ingramcontent.com/pod-product-compliance
Lightning Source LLC
Chambersburg PA
CBHW071338150426
43191CB00007B/778